解局

——历史节点上的
中国变革

人民日报海外版"侠客岛" ◎著

人民出版社

序

庹　震

———————————————————————————————

"侠客岛"是人民日报海外版的一个新媒体品牌栏目。

在 2018 年第二十八届中国新闻奖评选中，"侠客岛"获得融媒栏目一等奖。这是对"侠客岛"过去几年努力的肯定，更是一种鞭策和激励。"侠客岛"的成功，在于其工作团队坚持站稳政治立场，面对新闻事件和焦点热点，能够明辨是非黑白，认清真假美丑，透过现象看本质，于众说纷纭中见人之未见、见树木又见森林，努力为广大用户提供了有思想、有品质、接地气、受欢迎的网言网文，做到了客观、准确、平实、理性。

习近平总书记在网络安全和信息化工作座谈会上就建设网络良好生态、发挥网络引导舆论、反映民意的作用作出深刻阐述，强调"我们要本着对社会负责、对人民负责的态度，依法加强网络空间治理，加强网络内容建设，做强网上正面宣传，培育积极健康、向上向善的网络文化，用社会主义核心价值观和人类优秀文明成果滋养人心、滋养社会，做到正能量充沛、主旋律高昂，为广大网民特别是青少年营造一个风清气正的网络空间"。2018 年 6 月 15 日，习近平总书记在致人民日报创刊 70 周年的贺信中，对构建全媒体传播格局提出明确要求。

人民日报社认真贯彻落实习近平总书记重要指示精神，加快媒体深度融合发展步伐，积极探索有效引导网络舆论的途径和方式，取得了一定成效。目前，人民日报已由过去的一张报纸，发展成为拥有报纸、杂志、网站、网络电视、网络广播、电子屏、手机报、微博、微信、客户端等 10 多种载体、数百个媒体平台、报网端微用户共计 7.8 亿的全媒体形态的新型媒体集团。经过探索和努力，培养出一批优秀的全媒体编辑记者，造就了一批在网络舆论场上有影响力的新媒体品牌。"侠客岛"就是其中之一。

网络空间是亿万民众共同的精神家园。我们要以习近平新时代中国特色社会主义思想为指导，增强"四个意识"，坚定"四个自信"，坚守"48 字"职责使命，紧紧围绕"两个巩固"根本任务，坚持团结稳定鼓劲、正面宣传为主，注重内容建设，不断创新形式，进一步办好用好新媒体品牌栏目。

进一步办好用好新媒体品牌栏目，要始终坚持正确的政治方向、舆论导向、价值取向，坚持以内容优势赢得发展优势，打造专业、深入、独家、权威的优质内容，主动讲好中国共产党治国理政的故事、中国人民奋斗圆梦的故事、中国坚持和平发展合作共赢的故事，让人们想看、爱看，温暖人心，鼓舞人心，凝聚人心。

进一步办好用好新媒体品牌栏目，要锐意改革创新，把握网络传播规律，强化互联网思维，面对新变化，善用新技术，捕捉新趋势，用专业的视角、精准的分析、生动的语言、有效的传播，不断为舆论场提供强劲的正能量。

进一步办好用好新媒体品牌栏目，采编人员要切实在增强"四力"上下功夫。增强"脚力"，要坚持走得勤、走得进、走得久；增强"眼力"，要坚持看得见、看得准、看得远；增强"脑力"，要坚持想得到、想得透、想得深；增强"笔力"，要坚持写得新、写得精、写得活。

　　当今世界正面临着前所未有的大变局，中国特色社会主义进入了新时代。新时代有新气象，更有新作为。希望"侠客岛"坚持守正创新，总结经验，发挥优势，再接再厉，不断提升能力水平，不断提升传播力、引导力、影响力、公信力，为构建网上网下同心圆，更好凝聚社会共识，在引导网络舆论上发挥更大作用，展现新的作为。

　　是为序。

（作者为人民日报社总编辑）

目　录

CONTENTS

第三部分 民 生 篇   **137**

第四部分 港 台 篇   **203**

第五部分　**国　际　篇**　　**227**

第一部分　治党篇

【解局】十九大的定力与雄心

2017/10/20

公子无忌

毫无疑问，党的十九大将是一个极为重要的历史节点。今天，习近平总书记的十九大报告开篇就说，这次大会，是在"全面建成小康社会决胜阶段、中国特色社会主义进入新时代的关键时期"召开的。

3个多小时，3万多字的报告，相信大家都记住了"中国特色社会主义进入新时代""新时代中国特色社会主义思想"等全新的理论术语和重大的理论判断，也记住了诸如"乡村振兴战略""本世纪中叶把人民军队全面建成世界一流军队"等新提法。

如何理解这份信息量巨大的报告？如何从中读出中共未来的发展思想和方略？

时　　代

3万多字的报告，"总分总"的结构。粗略地说，从开场到报告的前四部分，是"总"地谈一系列的"新"，提出重大论断；5—13部分，是"分"，分述从经济到全面从严治党等9个领域的未来；最后三段，回顾传统、寄语青年、号召全党，同样是"总"。

从这样一份报告中拎出主线，需要从历史的维度寻找。找准历史方位，是准确判断世情、国情、党情的前提。不同的历史时期，中国和世界的形势不同，国家、人民的需求不同，党的任务、方略就不同。那么，今天的中国共产党，今天的中华人民共和国，身处何方？

——一言以蔽之，新时代。

这一方面是因为，过去"五年来的成就是全方位的、开创性的，五年来的变革是深层次的、根本性的"，"党和国家事业发生历史性变革"；另一方面是因为，"我国社会主要矛盾已经转化为人民日益增长的美好生活需要和不平衡不充分的发展之间的矛盾"。

矛　盾

目前，关于我国社会主要矛盾表述的基本思想，源于1956年党的八大。当时的提法是，"我国国内的主要矛盾已经是人民对于建立先进的工业国的要求同落后的农业国的现实之间的矛盾，已经是人民对于经济文化迅速发展的需要同当前经济文化不能满足人民需要的状况之间的矛盾"。

在党的八大提法的基础上，1981年十一届六中全会决议进一步明确，"我国所要解决的主要矛盾，是人民日益增长的物质文化需要同落后的社会生产之间的矛盾。"现有经典教科书和党章，也一直沿用这一提法至今。

现在，距离党的八大已经过去了61年，距离十一届六中全会也已经过去了36年。

"物质文化需要"和"社会生产"的矛盾，是一对经典的马克思主义生产力—生产关系的矛盾范畴。改革开放近40年后，无论是生产力这一端，还是社会需要这一端，都已经发生了巨大的变化。简单来说就是，我们的"社会生产"尤其是物质生产上，总体上已经难言"落后"；今天最广大人民的需求，也已不仅局限在"物质文化"层面。

用党的十九大报告的语言表述就是，"我国稳定解决了十几亿人的温饱问题，总体上实现小康，不久将全面建成小康社会"，"人民美好生活需要日益广泛，不仅对物质文化生活提出了更高要求，而且在民主、法治、公平、正义、安全、环境等方面的要求日益增长"；同时，"我国社会生产力水平总体上显著提高，社会生产能力在很多方面进入世界前列，更加突出的问题是发展不平衡不充分，这已经成为满足人民日益增长的美好生活需要的主要制约因素"。

对主要矛盾的判断是一种"理性认识"，理性认识会指导实践。以往的主要矛盾判断把问题症结放在"社会生产落后"上，因此要解决的就是生产问题，这有其历史科学性并成功指导了实践；现在，"主要制约因素""更加突出的问题"变成了"发展不平衡不充分"，这无疑也会在未来深刻地影响实践。

如何在未来解决这一对新的主要矛盾？这就需要理论指导，也需要行动指南。

于是，"新时代中国特色社会主义思想和基本方略"的出现就合乎逻辑、顺理成章地出现了。

思想与方略

1937 年的《矛盾论》精确地指出，"不同质的矛盾，只有用不同质的方法才能解决"，"如果人们不去注意事物发展过程中的阶段性，人们就不能适当地处理事物的矛盾"。

因此，当今天习近平明确宣示"中国特色社会主义进入了新时代"时，实际上显示了中共对现实已经做出新的考量。中国特色社会主义将走向何方？如何达成我们既定的目标？如何克服困难和挑战？

这就需要创新理论作为全党全国人民的行动指南，也就是"新时代中国特色社会主义思想"，以明确新时代坚持和发展中国特色社会主义的相关基本问题。

展望未来，习近平提出了 14 条基本方略，擘划了从全面建成小康社会到建成社会主义现代化强国的蓝图。

14 条基本方略，也就是 14 个"坚持"：坚持党对一切工作的领导、坚持以人民为中心、坚持全面深化改革、坚持新发展理念、坚持人民当家作主、坚持全面依法治国、坚持社会主义核心价值体系、坚持在发展中保障和改善民生、坚持人与自然和谐共生、坚持总体国家安全观、坚持党对人民军队的绝对领导、坚持"一国两制"和推进祖国统一、坚持推动构建人类命运共同体、坚持全面从严治党。这其中，有中共一以贯之的理念和做法，也有从党的十八大以来的新实践中提炼出的"新鲜经验"。

蓝图则分两个阶段：第一个阶段，从 2020 年到 2035 年，基本实现社会主义现代化；第二个阶段，2035 年到本世纪中叶，在此基础上，建成富强民主文明和谐美丽的社会主义现代化强国——上一次有类似擘划的党代会，是确立"三步走"战略的党的十三大。

方　位

当我们回望历史，看到的总是一个个节点，辨得清走向，看得清脉络。但从本质上说，历史也是曾经的当下，也是事件和时间的流动。身处其中的人们，往往很难体察到历史就在自己身边。例如，身处 1921 年的人们，或许大部分不知道那年在嘉兴南湖的游船上发生了什么事；生活在 1978 年 12 月 18 日的中国人也很难想象，从那天开始后的 40 年，中国踏上了高速的发展进程，再不回头。

历史已经向我们走来。我们已经身在历史当中。

要驾驭历史，就要具有"全局性、前瞻性、战略性"。准确分析形势情况，提出相应方法，百折不挠地努力追求，对的坚持错的纠正，这是中共成立至今一以贯之的思想路线精髓。党的十九大的蓝图已经绘就，目标是什么？是一个强大的中国，也是人民对美好生活的向往。这其中，哪个方面缺席、不到位，都是"发展不平衡不充分"。理论体系和方略已经呈现，接下来的五年乃至未来一段时期，就是坚定不移的落实阶段。

当世界上其他国家在搞"拳击赛"的时候，中共却在不同阶段用不同方法、一棒接一棒地跑历史的"接力赛"。这就是中共成功的秘密，也是中国成功的秘密。

而每一次的再出发，都要"不忘初心，方得始终"。

【解局】中共高层怎样选人用人？
这些细节有意味

2017/10/28

东郭栽树

2017 年 10 月 17 日我们就一份"不太好懂"的名单排序做了一些分析，虽然是技术性的，但是后台岛友的反响非常热烈。的确，中共十九大这个重要的历史事件，是观察分析中共政治运转的极佳窗口。

近期还有两篇重磅通稿具有这样的"窗口"作用。一篇是 2017 年 10 月 26 日的《党的新一届中央领导机构诞生记》，一篇是同月 24 日的《新一届中共中央委员会和中共中央纪律检查委员会诞生记》。

从新一届中央领导机构（包括总书记、中央政治局常委、政治局委员、书记处成员、中央军委成员、中央纪委领导机构），到中央委员会（委员 204 人、候补委员 172 人）、中央纪律检查委员会（133 人），构成了未来一段时间内中共党内的"顶层架构"。通过党内民主选举进入这个行列的，都是将在未来一段时间对中国各地方各领域举足轻重的人物。

对于一个政党、一套政治体制来说，选人用人是相当核心的环节。因此，通过新华社这两篇《诞生记》，我们就可以了解很多中共政治运转的规则和"密码"。

标　　准

选人用人，首先要有个标准。综合两篇通稿，大致可以用一个词来概括："政治家集团"。

《新一届中共中央委员会和中共中央纪律检查委员会诞生记》里写道，"党中央明确提出，新一届中央委员会肩负着带领全党和全国人民全面建成小康社会的使命"，跟了三段描述语，但落脚点都是"应当是政治家集团"。

《党的新一届中央领导机构诞生记》里则更明确地写道，"坚持政治家集团标准，坚持五湖四海、任人唯贤……"；推荐人选应具备的条件中，排在首位的就是，推荐人选应当是对党忠诚、信念坚定、与党中央保持高度一致的"合格马克思主义政治家"。

也就是说，无论是选"两委"成员，还是选中央领导机构成员，都是要致力于把中共党内的领导层，建设成一个"政治家集团"。

这个政治家集团是怎样的呢？通稿里的原话表述是："习近平总书记明确指出……选拔一批政治强、懂专业、善治理、敢担当、作风正的领导骨干"。

兼具这几条的，无疑是事业需要的好干部。能够进入"两委"、中央领导机构考察视野的人选，无疑也都是中共党内的政治精英。而在他们走上更高的领导位置，为党和国家做出更大贡献之前，还需要"过三关"——政治关、廉洁关、能力关。

过　　关

排在首位第一关，"政治标准"。政治上"不过关"的，"一票否决"。文中说得明白："不能同党中央保持高度一致、自觉维护党中央权威和集中统一领导的，一票否决；对党中央决策部署态度暧昧甚至心怀不满、另搞一套的，一票否决；骨头不硬、见风使舵、爱惜羽毛、当所谓'开明绅士'、不敢担当的，一票否决……"

根据这些"红线""硬杠杠"，"那些在大是大非面前立场坚定的干部，那些政治可靠、敢于担当的干部，那些强力推动本单位改革事业的干部，脱颖而出，进入两委人选考察范围"；"凡是政治上靠不住的，不仅没有被选上来，而且还被坚决调整下去"。

第二，廉洁关，"铁的原则"。"对每个人选都做到干部档案必审、个人事项报告必核、纪检监察机关意见必听、线索具体具有可查性、信访举报必查……"《诞生记》透露，"在某地，考察组了解到两名呼声较高的干部涉及廉政问题后，坚决将其排除在会议推荐参考名单外。考察结束后，这两名干部因涉嫌职务犯罪被立案侦查。"

第三，能力关，"以事择人"。《诞生记》透露，某地一名女干部，原被列为考察对象，但考察组感到其能力素质离"两委"人选要求有一定差距，最终没有将其列入，而是将另一名政治素质好、长期在艰苦地区、成绩比较突出的干部列入名单。

"实事求是、以事择人""革除了唯结构、唯比例的旧观念""带来了重人才、重专业的新变化"，这几句话是有深意的。

程　　序

有了标准，还要遵循严格的组织程序。

先说"两委"。通稿披露，"两委"人事工作从 2016 年 2 月就启动，前后经过一年半左右时间。

其程序，首先是开中央政治局常委会专门研究，成立"十九大干部考察领导小组"，习近平任组长；2016 年 6 月，政治局常委会、政治局会议审议通过《关于认真做好十九届"两委"人事准备工作的意见》；2016 年 7 月，领导小组审议通过《十九届"两委"人选考察工作总体方案》，对提名名额分配、考察方法步骤、组织实施等作出具体安排。

走完这几步，才是"组建考察组"。从 2016 年 7 月到 2017 年 6 月，考察组分批次对 31 个省区市、124 个中央和国家机关、中央金融企业、在京中央企业、全军 29 个大单位和军委机关战区级部门进行考察。

这关键的考察环节，还细分为 4 个步骤：1."综合分析研究，确定考察单位"；2."谈话调研和推荐，确定考察对象"；3."深入考察，提出遴选对象"；4."听取考察组汇报，提出建议名单"。

再说中央领导机构。

2017 年初，习近平听取常委同志意见，形成共识，启动这项工作；接着，是 4 月 24 日常委会，专门研究并讨论通过《关于十九届中央领导机构人选酝酿工作谈话调研安排方案》，确定此工作在习近平的直接领导下进行，明确原则和条件。之后，才是中央有关领导在一定范围内开始进行谈话调研。

这两项工作到 2017 年 9 月份后，开始进入一个进度节奏。9 月 25 日，中央政治局常委会提出新一届中央领导机构组成人选方案，以及"两委"候选人预备人选建议名单。9 月 29 日，习近平总书记主持召开中央政治局会议，审议通过这两份建议名单。

此时，一位中共政治精英是否能够进入"两委"，还要看预选与正式选举这最后两步。

其中尤为关键的一步是，十九大上各代表团以差额选举方式进行预选。数据显示，"提名十九届中央委员候选人 222 名，当选 204 名，差额比例 8.8%；提名候补中央委员候选人 189 名，当选 172 名，差额比例 9.9%；提名中央纪委委员候选人 144 名，当选 133 名，差额比例 8.3%。"

只有不被差额掉的候选人，才能真正走到正式选举的最后程序。

革　　除

选贤任能，是中国政治传统中一个非常突出的优点，也是每个政权力求达到的目标。中共继承发展了这一传统。

体现在这次换届中，是一个重大创新：以"谈话调研"的方式，在一定范围内面对面征求意见建议。以前的一些做法，因为其弊端突出而被摒弃——主要是"大会海推""划票打钩"和中央领导机构酝酿时的"会议推荐"等办法。

以往，"两委"人选考察工作的第一步，就是召开省区市党委全委（扩大）会议，进行投票推荐，"动辄几百人'大呼隆'投票"。上来就投票，可想而知对推荐人的了解情况一定是不够的。

用通稿的话说，"由于信息不对称，很多人投票随意、导致民意失真，还有很多人投关系票、人情票，过程中还有人拉票、贿选，甚至催生出'期权''期货'交易"。通稿专门点出了曾经在这样的环节中出问题的落马高官——"如周永康、孙政才、令计划等人，就曾利用会议推荐搞拉票贿选等非组织活动。"

"期权""期货"交易这样的经济术语用在投票选人领域，很直白了，可以想见那种选举和回报的"潜关系"。"这样的民主变了味，走偏了方向。干部不负责任，党组织卸掉了责任，党的领导被弱化。"如果读者还记得《巡视利剑》里对于辽宁贿选案当事人的采访拍摄细节，应该会更有感触。因此，党的十九大报告明确写道："自觉抵制商品交换原则对党内生活的侵蚀，营造风清气正的良好政治生态"。

通稿披露，习近平总书记明确提出，不搞"大会海推""划票打勾"，选人用人，党组织必须加强领导、把好关。

创　新

不搞"大会海投"那一套，是不是就不要投票了？是不是不民主？

"不是不要民主，而是要将民主的真实性、有效性充分发挥出来，进一步提升党内民主的质量和实效。"

通稿里有这样一个例子：在对某省一名干部进行考察时，有同志对其工作方式持有不同看法。但考察组经过调查发现，这名干部"不怕得罪人"，一举关停1100多家污染小企业、小作坊，"引起一些既得利益人士的非议，却得到了广大干部群众的认可"。"如果按过去先进行投票推荐，这名干部可能就被挡在考察视线之外了。"

投票看上去很民主。但是如果只是拘泥于形式，就会"以票取人""唯票论"，既可能过分看重选票导致选举走形变味，也可能唯票取人导致用人疏漏。因此，"不是不要票，而是不'唯票'"。

所以，本次采取的核心方式是"谈话调研"：先进行谈话调研、听取意见，提出参考名单后，再进行会议推荐。

具体怎么做？"面对面谈话，广泛深入听取意见"，"真名实姓、实名推荐"，"非常深入，不定调子、也不限时间，问得非常细、非常耐心"。据统计，考察组平均每个省谈话1500多人次，比过去参加会议推荐的人数大大增加。

为酝酿中央领导机构人选，2017年4月下旬至6月，习近平专门安排时间，分别与现任党和国家领导同志、中央军委委员、党内老同志谈话，充分听取意见，前后谈了57人；中央相关领导同志分别听取了正省部级、军队正战区职党员主要负责同志和其他十八届中央委员共258人的意见；中央军委负责同志分别听取了现任正战区职领导同志和军委机关战区级部门主要负责同志共32人的意见。

"严格标准、事业为上","党和国家领导职务也不是'铁椅子''铁帽子',符合年龄的也不一定当然继续提名,主要根据人选政治表现、廉洁情况和事业需要,能留能转、能上能下"。

谈话调研这种创新方式,和严格的组织程序配合起来,体现的就是党内民主和民主集中制原则。先民主、后集中,再民主、再集中,在这个过程中,把真正对党和国家有心有力的政治精英按照程序挑选出来,放在合适的重要位置上。

"没有暗潮涌动,始终风清气正。充分沟通酝酿,凝聚全党意志"。

中国这么大的国家,能够保持稳定发展强大,根本原因在于执政党的强大。执政党的强大,首先是党中央的强大,保证有一个统一的方向和意志。同时,也需要组织运转的科学有序有效,否则中央意志得不到有效贯彻。革命年代也好,改革开放也好,新时代也好,说中共强,就强在这里。一个团结在核心周围的政治家集团、形成统一意志和行动的战斗集体,也是值得期待的。

【解局】十九大后首周：新一届中央大动作频出传递何种信号

2017/10/30

独孤九段

从 2017 年 10 月 25 日新一届中央领导集体正式亮相，到当月 29 号，短短 5 天，大新闻一个接一个。

中国人干事，讲究开局，新一届中央领导集体这短短 5 天内的大动作，也有太多值得解读。

大家最关注的，莫过于周末密集的人事变动。整个周末，省级主官密集调整，涉及广东、上海、辽宁、福建、河北、江苏、陕西等多个省份。因为这一波人事变动，后续还应该有进一步的调整。

不过，岛叔更看中这几天，几次中央重要会议所传递出来的信息——某种意义上，十九届中央这一周内频出的大动作，也是在给未来定调。

军 队 建 设

26 日下午，党的十九大之后，习近平的第一个单独公开活动，就是出席在京召开的军队领导干部会议，向军队系统传达十九大精神，可见军队在习近平眼中的分量。

按习近平的话来说，学习贯彻十九大精神是当前和今后一个时期，全党全国全军的首要政治任务。这也是统一思想的重要准备。

此次会议上，还有一个表述值得关注："全面从严治军"。虽然并非首次提出，但新一届、第一次会议就提，而且是浓墨重彩地提，意味自然不同。同样，相较于上一届中央军委委员（8人），十九届中央军委委员缩编一半，仅有4人，且军纪委书记张升民位列其中，这也是之前没有过的（前任军纪委书记杜金才并非军委委员）。军改后军纪委的作用不言而喻。

联系到三天前国防部发布会上的一个细节：《关于严禁违规宴请喝酒的规定》，已经在全军落实一个月了。如此看来，过去五年全面从严治党的许多经验，未来会在军内有借鉴落实。

统 一 思 想

10月27日，新一届中央政治局首次全体会议和集体学习。大家知道，党的十八大以来，全面从严治党的一条重要经验就是，抓"关键少数"，就是党内高级领导干部，而中央政治局又是关键少数中的关键。所以，新一届中央政治局的全体会议上，习近平的讲话围绕"立规矩"的主题，确定新班子工作的大原则，可以看作新一届中央政治局的施政宣言。

这一天的会议和学习，研究部署学习宣传党的十九大精神自然是重要议题，习近平在那天的集体学习中提到，要在全党范围内开展一次大学习。相信这次十九大精神学习为主题的大学习会是一场覆盖全党的大活动，目的就是"统一思想"。

为此，中央政治局会议对关于宣传党的十九大精神，提了"五个聚焦"，其实也可以看作对十九大报告最核心内容的点题。

一是聚焦到习近平新时代中国特色社会主义思想是党必须长期坚持的指导思想上；二是聚焦到5年来党和国家事业取得历史性成就

和发生历史性变革上；三是聚焦到作出中国特色社会主义进入了新时代、我国社会主要矛盾已经转化为人民日益增长的美好生活需要和不平衡不充分的发展之间的矛盾等重大论断的深远影响上；四是聚焦到贯彻落实党的十九大的重大决策部署上。而压轴的一点，就是聚焦到习近平总书记是全党拥护、人民爱戴、当之无愧的党的领袖上。

为什么要落脚到"党的领袖"上？其实这符合当天政治局首次会议所强调的一个最高原则，"党中央的集中统一领导"。

在刚刚公布的新党章中，"党政军民学，东西南北中，党是领导一切的"，这条作为最高政治原则首次写入党章。怎样实现"党领导一切"？就是要抓住"党中央的集中统一领导"，而要维护党中央的集中统一领导，又必须坚决维护习近平总书记作为党中央的核心、全党的核心的地位。这是层次分明的逻辑递进。

为此，中央政治局还通过了一个文件，名字就叫《中共中央政治局关于加强和维护党中央集中统一领导的若干规定》。

这个层次还体现在 27 日的中央政治局会议所通过的一系列具体工作要求上，对政治局委员有很具体的要求——

比如，重大问题要主动报请党中央研究，落实中央部署期间，还要向党中央及时汇报进展；向党中央推荐干部，强调谁推荐谁负责……还有个明确的要求，就是政治局委员每年要向党中央和总书记书面述职。这个述职要求，还包括中央书记处和中纪委、全国人大常委会党组、国务院党组、全国政协党组、最高人民法院党组、最高人民检察院党组，都要每年向中央和总书记述职。

这就叫"党领导一切"，更具体说，是"党中央集中统一领导"的具体落实。

治 党 从 严

跟 5 年前一样，这一届中央在开局就强调了作风建设。八项规定在这次政治局会议上再一次被强调，也就是《中共中央政治局贯彻落实中央八项规定的实施细则》（以下简称《实施细则》）。传递的意思很明显，开局抓作风建设是条重要治党经验，也是抓班子建设的好经验。这次通过的《实施细则》更着重于改进调查研究、精简会议活动、精简文件简报、规范出访活动、改进新闻报道、厉行勤俭节约等方面内容。

"作风建设永远在路上"，新一届中央依然会紧紧扭住全面从严治党不放松，这个明确的宣示也给全党、全国人民吃了"定心丸"。

29 日，新华社消息，中央办公厅印发《关于在全国各地推开国家监察体制改革试点方案》，原先在北京、山西、浙江三地试点的国家监察体制改革，即将在全国范围内铺开。在 2017 年底和 2018 年初召开的省、市、县人大会上，要产生三级监察委员会，完成机构组建，实现对所有行使公权力的公职人员监察全覆盖。离年底还有短短 2 个月，这项组建工作时间紧、任务重。监察体制对公职人员监察全覆盖也有了具体主事机构，这给违纪违法却依然心存侥幸的官员提了醒：别急，你等着。

同样是 29 日，新任常委、中纪委书记赵乐际也召开了十九届中央纪委常委会第一次会议。"深入学习贯彻十九大精神、忠诚履行党中央赋予的重大政治责任"，是此次会议的主题。结合十八届中央纪委的工作报告以及监察委试点在全国推开的新闻，不难看出，中央高层明确表态了，全面从严治党不会放松。

"过去的 5 年，我们做了很多工作，有的已经完成了，有的还要接着做下去。中共十九大又提出了新目标新任务，我们要统筹抓好落实。"在新一届常委中外记者见面会上，习近平说的这番话，是给过去的一周以及未来的一段时间，写下的非常鲜明的注脚。

【解局】留置取代"双规"，今后的 老虎苍蝇怎么打？

2017/11/7

巴山夜雨

2017年11月7日下午，反腐领域又传来一则重磅消息。

《中华人民共和国监察法（草案）》（以下简称《草案》）一审稿发布，面向社会公开征求意见。对比三天前，全国人大常委会表决通过的《全国人民代表大会常务委员会关于在全国各地推开国家监察体制改革试点工作的决定》（以下简称《决定》），这无疑是一种有力回应。

值得一提的是，无论是《草案》还是《决定》，都重点点出了大家非常关心的一个问题：未来的反腐败措施，将由"留置"取代"双规"。

"双规"我们听得不少，但了解的可能并不多，而留置则更是一个反腐领域的新鲜词汇。这两者到底有什么区别？后者取代前者的意义又在哪里？

双　　规

其实，"双规"的标准说法是"两规"。

追根溯源，监察部门的"双规"的诞生，要追溯到1990年12月

9 日国务院颁发的《中华人民共和国行政监察条例》。当时的条例规定：监察机关在案件调查中有权"责令有关人员在规定的时间、地点就监察事项涉及的问题做出解释和说明"。1997 年 5 月 9 日，《行政监察条例》被废除。同日经全国人大常委会通过的《行政监察法》，规定了监察机关有权"责令有违反行政纪律嫌疑的人员在指定的时间、地点对调查事项涉及的问题做出解释和说明"。自此，"两规"被"两指"取代。

而纪检机关的"两规"，则诞生于 1994 年 3 月 25 日颁布的《中国共产党纪律检查机关案件检查工作条例》。

其中明确要求，"调查组有权按照规定程序，采取以下措施调查取证，有关组织和个人必须如实提供证据，不得拒绝和阻挠……要求有关人员在规定的时间、地点就案件所涉及的问题作出说明"。

就此，"双规"在党内的使用有了依据。

在性质上，"双规"不是正式司法程序的一部分，而是中国共产党在进行纪律检查方面调查时，一个先于司法程序的、对人身自由进行限制的党内隔离审查措施，主要目的是防止被调查人拖延时间、逃避调查，甚至串供、外逃。

近年来，特别是党的十八大以来的反腐实践中，"双规"发挥了举足轻重的利剑作用。数据统计，截至 2017 年 6 月底，十八大以来共立案审查中管干部 280 多人、局级干部 8600 多人、县处级干部 6.6 万人。

争　议

不过，尽管效用巨大，但作为一个阶段性政策的产物，各界对于"双规"的争议一直不小。

比如有学者就指出，"双规"存在形式上的合法性问题。具体来说，就是与 2000 年颁布的《中华人民共和国立法法》相冲突了。根据《立法法》，"限制人身自由的强制措施和处罚"必须有法律依据，但"双规"并不符合这一点。

其实，"双规"形式的合法性问题，早就随着中央纪委的组织体制调整而解决。

1993年中央纪委、监察部合署办公，实行一套工作机构、两个机关名称的体制。而前面我们说到，1997年的《行政监察法》早就赋予"两指"合法性。因此，"双规"在形式上的合法性的来源，其实就是《行政监察法》第20条的"两指"。

当然，一个难以回避的问题是，依据实体性的正当程序原理及"比例性原则"，"双规"一直缺乏足够的法理依据。

查阅1994年中纪委的《纪律检查机关案件检查工作条例》和随后的细则，我们发现，在以下几个方面，均没有对"双规"进行约束：明确的时间限制；传唤、拘传的12小时限制；不得连续拘传、传唤的限制。另外，也没有检察院自侦案件刑拘限制为14天的约束。

对此，不少学者开始质疑，《刑事诉讼法》规定，"有证据证明有犯罪事实"的犯罪嫌疑人，逮捕之后的羁押期限一般是两个月，最长七个月。那么，为什么对"有违反行政纪律嫌疑的人员"，却没有被限制人身自由的时长的规定？

改　革

批评暂且放一放。

另一个值得关注的点在于，除纪委以外，我国的反腐队伍还有另一支重要的人马——反贪局。

1995年，最高人民检察院反贪总局正式挂牌。20多年的工作历程中，反贪部门查办了一大批有影响的贪污贿赂犯罪大案要案，也呈现出专门化、正规化、法治化的优势。

但由于反贪局脱胎于检察机关原经济检察部门，接受双重领导，与纪委工作存在重合，工作中难免会出现一些问题。

于是，不少人萌生出新的改革思路——是否可以整合政府部门及检察系统相关部门，成立一个监察委员会，与党的纪律检查机关合署办公，形成一个兼容处理党纪、政纪和法纪在内的反腐机构？

这一思路在20世纪80年代末就有人提出，但在党的十八大以后显得尤为迫切。十八大以来，尽管党风廉政建设和反腐败斗争取得了新的重大成效，但形势依然严峻，推进反腐倡廉工作制度化、规范化，被提上了议程。

而国家监察体制改革，无疑呼应了这一需求。它重在组建国家、省、市、县监察委员会，同党的纪律检查机关合署办公，实现对所有行使公权力的公职人员监察全覆盖。

11月6日的《人民日报》认为，这是推动全面从严治党向纵深发展的重大战略举措，对于健全中国特色国家监察体制，强化党和国家自我监督具有重大意义。

留　　置

那么，在监察体制改革中，留置的意义在哪里？

习近平总书记在党的十九大报告中说，制定国家监察法，依法赋予监察委员会职责权限和调查手段，用留置取代"两规"措施。

中央纪委副书记肖培在党的十九大报告解读专题发布会上表示，以留置取代"两规"措施，是用法治思维、法治方式惩治腐败。

与"双规"相比，留置扩大了监察范围，实现了对所有行使公权力的公职人员监察全覆盖。同时，通过留置取得的证据可以直接作为移送起诉的证据，而此前，通过"两规"取得的口供笔录移送检察机关后还需要由检察机关重新固定、转化后才能作为司法证据。

什么条件下采取留置措施呢？《草案》指出，被调查人涉嫌贪污贿赂、失职渎职等严重职务违法或者职务犯罪，监察机关已经掌握其部分违法犯罪事实及证据，仍有重要问题需要进一步调查，并具有"涉及案情重大、复杂的；可能逃跑、自杀的；可能串供或者伪造、销毁、转移、隐匿证据的；可能有其他妨碍调查行为的"等4种情形时，经监察机关依法审批，可以将其留置在特定场所。

《草案》同时对"留置"的时限、被调查人待遇、留置期限如何折抵刑期等，也作出了规定。时限方面，"留置时间不得超过三个月。在特殊情况下，决定采取留置措施的监察机关报上一级监察机关批准，可以延长一次，延长时间不得超过三个月"。

此外，"采取留置措施后，除有碍调查的，应当在二十四小时以内，通知被留置人所在单位或家属"；"监察机关应当保障被留置人员的饮食、休息，提供医疗服务。讯问被留置人员应当合理安排讯问时间和时长，讯问笔录由被讯问人阅看后签字"。

这样的规定，不仅赋予"剥夺被调查者人身自由"的法理依据，也可以有效防止被留置人员遭受不法侵害进而保障其合法权利。这是对此前反腐机制法治困境有力的程序反思，而不只是一种名称术语的替换。

对比，此前媒体发布的北京、山西、浙江三地监察委员会的试点工作，不难看出，《草案》有关留置措施的规定充分吸收了三地的试点经验。

新时代的国家监察体制改革，自然不同于以前，未来怎么走，还需要与时俱进地统筹协调。实际上，我们探讨的留置，也只是监察委12种工作措施之一。

但幸运的是，"试点是改革的重要任务，更是改革的重要方法"。来自北京、山西、浙江的试点实践，无疑为下一步国家监察体制改革提供了重要经验，更验证了国家监察体制改革决策部署方向的正确性。下一步，《监察法》的审议通过和正式施行，无疑也将为中国特色的国家监察体系，赋予新的强大力量。

【岛叔说】不要总让基层干部当"背锅侠"

2017/12/27

独孤九段

前几天，岛叔与一位刚从某县挂职回京的朋友吃饭。席间谈起挂职经历，感触良多。恰逢这段日子，中央正在严抓党内的形式主义的反弹，话就不由多了起来。

朋友讲了一个故事，以证现在基层的压力山大。说某一天晚上8点多来了一个电话，通知全县在第二天12点之前，摸清楚全县某某行业的生产情况。但即使牺牲睡觉时间，通宵达旦摸排，也不可能完成这个任务。但上级的指令就在那，第二天非交差不可。怎么办？你懂的。

这类事情在基层早已见怪不怪。侠客岛的岛友分布全国各地，有不少基层普通干部。前段时间我们鼓励大家留言讲述身边的形式主义，好一顿吐槽。后台留言都爆了棚，可见此风之盛，有多惹人生厌。

无　　奈

但细细琢磨，这些发自基层的留言，有相当一部分表现了"无奈"。虽然说形式主义人人喊打，但有很多时候，虽然嘴上痛骂，但实际工作中，自己也常常身不由己成了自己痛恨的形式主义者，被打得冤，被打得无奈，这就不得不令人深思了。

有人说，形式主义不是让"群众满意"，而是让"领导注意"，说得挺好！这好比一场演出，台上的演员是基层干部，鼓掌的观众是上级领导，而群众只有围观的份，还没有鼓掌喝倒彩的权利。演得好不好，台上台下说了算。其实在围观群众看来，无论台上还是台下，无非就是一群"戏精"。

形式主义，表现如此。

但这样看，又显得笼统。如果所有的演员和观众都是"毫无愧色""乐在其中"，那就是主观恶意，打多少板子都不为过。有不少对形式主义的批评也一般到此为止，板子打在基层身上，反正这些歪嘴和尚念歪了经，不整他们还能整谁？

因此，但凡提到形式主义，我们会看到很多报道，揭露某某地方扶贫搞"填表工程"，一年迎检就5回，每回花费20万；一年365天，天天都有上级领导来调研，正经工作不用干，天天应付检查，而一个乡光迎接检查的打印材料费就10多万……

这些形式主义的确可恶，但这些身处其中的基层干部真的乐意吗？

甩　锅

2017年12月26日，新华社的《半月谈》发了一篇文章，传播也很广：《上午刚下通知，下午就要反馈……基层干部吐槽：责任层层甩，我们兜不住啊！》。文章就说：征地拆迁、项目服务、社区管理、纠纷调解……这些大事小事本已耗尽基层干部的心力，但在"属地管理"的名义下，不少原由上级部门担负的职责纷纷"甩锅"给了基层。

这些层层传导到基层的责任往往"兜不住"：或因部门事务繁杂而疲于应付；或因不具执法权而师出无名；或因专业力量欠缺而有心

无力。

基层的责任与事权之间的落差，成为基层治理中不得不面对的尴尬。而事权一时间难以扩大，责任却可以在短时间内层层加码。压力传导是自上而下的。一个政策从上层动员，地方再传达，到了基层，只有真刀真枪解决实际问题。而同样，一个考核从上层部署，地方再细化，到了基层，那只有明明白白填表签字。

基层一方面承受来自上级的任务和考核压力；另一方面又要直面社会矛盾，承受来自百姓的压力，这个"夹心层"的工作点多线长，压力大，责任重。比如，现在基层考核"一票否决"过多，什么综治维稳、信访、安全生产、防火防汛、环境污染以及"临时性重点工作"等，都是基层干部所有成绩前面的"1"，轻则扣"票子"，重则"摘帽子"。

这种权力上收、责任下移的惯常做法常常导致运行过程的高度紧张。比如，地方上习惯了运动式执政，动不动就限期多少天完成任务，有些问题的确可以加把劲完成，这是提高效率，但如果只是出于政绩冲动就拍脑袋决策，罔顾事物发展的客观规律，那政策制定在源头就埋下了错误的种子，再经过这个系统的压力层层传导，结果就是错误的层层放大。

所以，在上级领导动不动"摘帽"的威吓中，基层被迫打乱工作节奏，疲于应付上级部门任务。上级一纸通知就把中央政策的落实责任甩给基层，如果再出于政绩冲动，不顾基层实际就定考核目标，那层层加码的结果，就容易催生基层的乱作为和形式主义。

区　　别

习近平在 26 日的政治局民主生活会上说："充分认识形式主义、官僚主义的多样性和变异性，摸清形式主义、官僚主义在不同时期、不同地区、不同部门的不同表现。"形式主义的成因很复杂，简单一纸文件层层转发，或者揪几个基层典型"杀鸡儆猴"并不能根除形式主义，反而使这种层层甩锅变成了新的形式主义。

不可否认，基层出了很多败类，但我们也出了很多基层好干部。此外，更多的是想干事、想干好事的普通干部，这些人是基层的"大多数"。当这些干部一边抱怨形式主义，一边身不由己搞形式主义的时候，我们应该警惕，形式主义的问题绝不是个别人的坏作风，很可能是系统性的，必须在整个执行系统中做"全面体检"：是政策的制定脱离实际，不符合客观规律？还是政策在落实过程中没有掌握好节奏？或是在执行过程中被某些人曲意逢迎、恶意歪曲？这几种情况产生的形式主义，主体责任方都不同。

一棍子敲死容易，卸责甩锅方便，但这都不是对待我们广大基层干部应有的态度。套用一个常用的二分法，要区别"少数"和"多数"，区别"局部性"和"系统性"，因为，整治形式主义同样需要精准化。

【解局】为何几省份自曝 GDP"注水"？来自中央与现实的双重压力

2018/1/15

公子无忌

最近，几个省份正在主动给自己的 GDP"挤水分"。

先是内蒙古，核减了 2016 年规模以上工业增加值 2900 亿元，占全部工业增加值的 40%；之后是天津，将 2017 年预期的 1 万亿 GDP 直接挤掉 1/3，调整为 6654 亿元。

很有意思。除了讨论下一个"自曝家丑"的会是谁，大家更关注的问题显然是：为什么这些地区要主动给 GDP 挤水分？

现　　象

GDP 注水的地区恐怕并不限于这两个。2017 年 12 月，审计署公布的一项数据显示，全国 4 个省份的 10 个市县（区）虚增财政收入就达 15.49 亿元；而如果你有心去把过去几年各省市的 GDP 数据相加，其总和与总增速超出全国 GDP 的最终数据，也是常见的现象。

主动挤水分的"开创者"，则是辽宁——在 2017 年年度的辽宁省"两会"上，省长陈求发曾以罕见的坦诚，揭露出了辽宁统计数据造假的伤疤："我们顶着面子上难看的压力，认真地挤压水分，2015 年夯实了财政数据，2016 年以来努力夯实其他经济数据"。

　　而在 2016 年全国"两会"期间的团组会议中，时任辽宁省委书记李希则举了两个例子，来说明过去一段时间内省内弄虚作假的恶劣风气：有一个镇，一年财政收入 160 万元，最后报成 2900 多万元；一个市，规模以上企业只有 281 家，却上报成 1600 多家。

　　曾有专家测算，一些辽宁的县区，过去的经济数据至少有20%—30%的水分。用一位辽宁官员对媒体说的话讲，"不客气地说，在经济数据上，前一任挖了一个巨大的坑，而且欠下了巨额债务，辽宁现在不是在平地起楼，而是在坑底爬坡。"

　　如果横向比较则可以发现，一些地区出现的统计数据造假问题，在中央巡视组的反馈意见中已经有所体现。2017 年 6 月，中央第二巡视组对内蒙古和吉林反馈"回头看"情况时，已经指出"有的地方经济数据造假"；而在 2014 年 7 月、2016 年 5 月巡视组对辽宁的两次反馈中，均指出"一个时期辽宁全省普遍存在经济数据造假问题"。

　　换言之，地方统计数据造假的情况，中央是掌握的。2017 年底，就在天津挤水分之前，《天津日报》发表了一篇名为《挤干水分关键要"舍得"》的评论员文章，里面说："注了水的、虚高的，甚至是弄虚作假的经济数据，从面子上看，地区 GDP 涨了，位次排名靠前了；从里子上看，百姓的腰包没有真正鼓起来，人民福祉没有真正增加，反过来，还可能会影响对经济形势的判断决策，透支发展潜力，造成'灰犀牛'的大概率风险。"

　　这段话说得透彻。GDP 虚高虚胖，可能让官员"面子上"好看，但其实并未落到实处，反而给未来经济增长加重了负担，甚至隐蔽了风险。

　　那么，为什么地方会有"数据造假"的冲动？

逻　辑

统计造假，是一场博弈的过程。在此过程中，如果风险小于收益，那么按照经济理性人的推论，造假就变成了一项"可以做的买卖"。

造假的收益是什么呢？显然，主要就是政绩的动力。理论上说，经济统计数据应当是为正确决策做参考的依据，也是外界参考和评价的标准；但在一段时间内，"唯 GDP 论英雄"的考核机制，给了地方官员以追逐数据的动力。"数字出官，官出数字"的调侃，指向即在于此。

动力有了，那么外界的约束环境如何呢？很遗憾，并不健全。

比如在根源上还难以完全解决的地方干预统计的情况。《半月谈》曾做过调查报道，发现部分地方干部为了数据好看，会利用手中的权力干预干扰统计工作，手段包括"下达"指标、"威逼利诱企业配合造假"等。但统计部门的工作人员也很无奈："你不听，人家就换掉你，更别想升迁调动了"——在地方统计部门人、财、物均归各级地方政府管理，国家统计局只是进行业务指导的背景下，干扰就是难以避免的。

甚至国家统计局也不能幸免。2016 年 1 月底，中央第八巡视组在向国家统计局党组反馈专项巡视情况时，也曾直言不讳地指出：有的领导干部以"数"谋私，搞权力寻租。

曾有专家给侠客岛举过一个例子，几年前统计局希望改善统计数据，搞了直报系统，绕开地方政府，选了一些企业自己填报生产数据。最终却发现数据真实性依然很差，到地方上一看才知道，用户名、密码都在地方手里，企业无须填报。直到如今，无论在新浪还是腾讯微博，这个国家统计联网直报呼叫中心的账号，还在孜孜不倦地更新，但无人回复。

又如"收益"和"风险"的不匹配。如果去查阅《统计法》，就会发现对于统计数据造假的处罚力度很难称得上"严峻"：大多数在统计数据上弄虚作假的行为，相应的法律责任只是"通报""处分"。

诱惑太大，笼子不牢。这大约是最容易说通的统计造假的逻辑了。也可以看出，这项改革需要的是通盘考虑。

动作已经开始：2016年10月，中央深改组审议通过了《关于深化统计管理体制改革提高统计数据真实性的意见》；对于统计数据造假的干部，要"一票否决"。

政　　治

不久前结束的中央经济工作会议上，防风险、去杠杆再一次被强调。这一会议在2018年度的落实，恐怕是各地GDP挤水分的非常现实的压力。

毕竟，统计数据造假虽然"看上去很美"，但其实对地方的财政影响很大。地方公共预算收入高估，中央转移支付就会减少，用于当地的财政支出也减少。但从2017年开始，中央对地方政府的债务已经明确开始严控。前阵子《人民日报》刊发了各地处分数十名对违规举地方债负有责任的官员的消息；财政部2017年12月下旬发布的《关于坚决制止地方政府违法违规举债遏制隐性债务增量情况的报告》则明确，将研究出台地方债终身问责、倒查责任制度。

据专家分析，如果GDP的水分被压缩，则地方债务率可能进一步攀升，偿债压力也随之上升。在此背景下，挤水分、期待中央财政的转移支付，就成了必然的选择。

2013年8月，在辽宁考察工作结束时，习近平讲了这么一段话，颇为耐人寻味——

有的领导干部对上吹吹拍拍、曲意逢迎，说假话、汇假报、编假数字、造假政绩信手拈来，脸都不红；对下表空态，搞忽悠，到处许愿而不兑现，群众找上门来一躲二推三训斥；对同事则八面玲珑，见面拍肩膀，只说三分话，背后却嘀嘀咕咕，搞小动作、拉小圈子。对这种多重嘴脸、翻云覆雨的现象，党员、群众很有意见，希望好好治一治。

而在十八届六中全会通过的《关于新形势下党内政治生活的若干准则》中，在强调政治纪律时，"弄虚作假、隐瞒实情"反复出现——

"党的各级组织和全体党员必须对党忠诚老实、光明磊落，说老实话、办老实事、做老实人，如实向党反映和报告情况，反对搞两面派、做'两面人'，反对弄虚作假、虚报浮夸，反对隐瞒实情、报喜不报忧。领导机关和领导干部不准以任何理由和名义纵容、唆使、暗示或强迫下级说假话。凡因弄虚作假、隐瞒实情给党和人民事业造成重大损失的，凡因弄虚作假、隐瞒实情骗取荣誉、地位、奖励或其他利益的，凡因纵容、唆使、暗示或强迫下级弄虚作假、隐瞒实情的，都要依纪依规严肃问责追责。对坚持原则、敢于说真话的同志，要给予支持、保护、鼓励。"

2017年"两会"，习近平在辽宁团参加讨论时，讲了这么一番话：经济数据造假，不仅影响我们对经济形势的判断和决策，而且严重败坏党的思想路线和求真务实的工作作风，败坏党在人民群众中的形象。此风不可长，必须坚决刹住！

"这笔大账早算清、早主动。必须从'速度情结''换挡焦虑'中摆脱出来，从落后的发展理念中摆脱出来，从粗放的发展方式中摆脱出来，彻底甩掉单纯追求GDP增速包袱，下决心推动高质量发展。"这是2018年1月天津全市经济工作会上李鸿忠的表态。

"高质量发展"，是党的十九大给今后一段时期定下的发展总基调。要"高质量发展",挤水分、去虚假,当是第一步。

而在当时习近平说完那番"狠话"后,李希的发言则是:"全省上下要从讲政治的高度来认识、整治弄虚作假的恶劣作风,坚决挤压水分,做实经济数据。"

的确,经济数据造假,可能影响到决策层的决策,产生延宕或错误导向;但在更深层次上,它会劣币驱逐良币(造假的官员可能仕途比诚实的官员更顺),污浊政治生态。用习近平的话说,"严重败坏党的思想路线和求真务实的工作作风,败坏党在人民群众中的形象"。

换言之,"弄虚作假、隐瞒实情",当然不只是谈统计,而是在许多领域内都有适用性。这段话,应当引起各级干部的足够重视。

【解局】《人民日报》的这篇重磅文章，大有来头

2018/1/16

明日绫波

2018 年 1 月 15 日，《人民日报》头版刊发了一篇显然"大有来头"的文章：《紧紧抓住大有可为的历史机遇期》。全文 5500 字，占据了《人民日报》头版通栏沉底 + 要闻三版这样的重要版面位置。同天，岛叔的娘家《人民日报海外版》则处理得更加突出，给予了头版头条通栏的首要之位。此外，《光明日报》《经济日报》《解放军报》等其他中央级党报也在一版的重要位置推荐了这篇文章。

除了党中央机关报给予的重要版面位置外，说这篇文章有来头，还有另外的原因。比如，从 14 日开始，这篇文章就已经开始全网推送，15 日更是毫无意外地占据全网头条位置；文章的作者署名"宣言"，和"人民日报重要评论"谐音为"任仲平"这样的集体笔名类似，"宣言"显然也是官方部门的集体笔名。

而通篇文章的主题，"历史机遇期"，同样是一个重大的理论命题。10 天前的 1 月 5 日，学习贯彻党的十九大精神研讨班开班式上，习近平提出了"当前我国正处于一个大有可为的历史机遇期"的命题；3 天后，十九届二中全会即将召开。可以说，这篇文章也是给二中全会做铺垫和预热。

版面突出、笔名权威、命题重大、时间关键，这些因素加在一

起，才凸显这篇文章真正的丰富意味。

那么，这篇大有来头的文章，到底说了什么？

纵　　向

虽然是一篇洋洋洒洒的理论文章，但这篇"宣言"之作并不枯燥。其核心命题，就是十九大报告提出的"新时代"，到底是怎样一个重大的、大有可为的"历史机遇期"。

用文章的话说，这个历史机遇期，就是"中华民族强起来、实现伟大复兴的机遇"，是"中国特色社会主义道路理论制度文化更加成熟、更具引领力感召力的机遇"，是"中国人民创造美好生活、走向共同富裕的机遇"，也是"中国共产党从建党百年迈向执政百年、进而铸就千秋伟业的机遇"。

值得注意的是，对于当下的"历史机遇期"，"宣言"是拿来与近代史上的一些关键节点相提并论的。

哪些关键节点？一，"近百年前，嘉兴南湖的一艘红船劈波起航"，中共诞生；二，"近70年前，中国共产党带领人民建立了人民当家作主的共和国"，新中国成立；三，"40年前，中国共产党作出历史性抉择——实行改革开放"；四，5年前，"中国共产党鲜明提出实现中华民族伟大复兴中国梦的重大历史性命题"。

建党、建国、改革开放、伟大复兴，选择这样的时间节点，无疑对应的是党的十九大报告中"站起来""富起来""强起来"的三个历史飞跃阶段。

除了历史上的时间节点，"宣言"还指出了今后一个时期的几个重大时间节点：2018年，改革开放40周年；2019年，新中国成立70周年；2020年，全面建成小康社会；2021年，中国共产党成立100周年；2035年，基本实现社会主义现代化；2050年，全面建成社会主义现代化强国……

一个人的生活工作学习要有目标，才能避免"日计有余、年计不足"；一个国家、一个大党要稳步前行，同样需要设立目标、精密筹划。踩着这些时间节点，以时间区隔划分压实每个阶段的任务，才能"心中有数、脚下有路"。

横　　向

除了时间轴上的纵向定标，对于"历史机遇期"，"宣言"也进行了当下世界的横向对比。

"当今世界，'民主赤字''治理赤字''发展陷阱'此起彼伏，贫富分化、恐怖主义、气候变化问题层出不穷。资本主义主导的国际政治经济体系弊端丛生，全球治理体系深刻变革，新的国际秩序正在孕育。世界怎么了？人类要往哪里去？已成为人类的'哈姆雷特之问'，各国政要、学者、大众都在为之苦恼、受之困惑。历史并未终结，文明的多样性蕴藏着人类的无限希望，中国的实践为解决人类共同问题提供了全新选择"。

"从内部看，中国发展经过量的积累进入质的提升阶段，已经由高速增长阶段转向高质量发展阶段，中国巨轮正在驶出历史的峡谷，进入'海阔凭鱼跃'的宽广水域；从世界看，'世界之乱'和'中国之治'形成鲜明对比，全球的目光正在东移，中国的风景成为越来越多国家的憧憬。"

用"宣言"的话说，这是中国用改革发展累积起来的"比较优势"，也是用奋斗"为自己打开的时间窗口"。"宣言"下的判断是，这是"历史演进的必然"，也是"世界百年大变局的必然"。

紧 迫 感

为什么要如此浓墨重彩地论述这一"历史机遇期"?

这篇文章给出的答案是:"如果以道路为喻,这样的时期正是'路口'。面对路口,只有两种命运:发展,或者衰落";"在五千多年的历史长河中,中华民族曾有过很多机遇,但真正抓住机遇、开创盛世的屈指可数"。比如近代史上,当西方的工业革命开始时,"中国却如沉睡的雄狮,仿佛置身于时间之外,错过了历史的路口,被时代甩在了身后,一度成为落后与停滞的'代名词'、西方列强崛起的'踏脚石'"。

发展或者衰落,听起来就像是"生存或者灭亡"的哈姆雷特之问。在看重机遇赋能的背后,也隐藏着时不我待的紧迫感。毕竟,"当此之时,世界经济仍有诸多挑战,'黑天鹅''灰犀牛'不时冒头,技术变革一日千里,安全问题日益凸显。河入峡谷、风过隘口,正是紧要之时。唯有居安思危、知危图安,全面深化改革、全面扩大开放,才能化压力为动力,化挑战为机遇"。

此后,"宣言"引用邓小平的话说,"我国在历史上失去机遇太多,如果再不抓住机遇,后果不堪设想"。机遇千载难逢,机遇稍纵即逝,机遇不仅是"机",更是"遇",抓住了、用好了,才能称得上把握住了机遇。机遇抓住了就是良机,错失了就是挑战。

对于我们这样的普通人来说,宏大的历史叙事,最终是要落脚在日常烟火、柴米油盐、美好生活中的。"宣言"的文章也不忘在这一层次展开论述:"打开机遇的未来空间,每个人从中找到的,是人生出彩的舞台;国家从中发现的,是繁荣昌盛的阶梯;中国在此写下的,是对人类作出的更大贡献……大有可为的机遇期,普照华夏也关照个人……'有梦想,有机会,有奋斗,一切美好的东西都能够创造出来'"。

动　员

用数千字论述何为"历史机遇期"及其重要性，最终的落脚点，当然是要动员起全党全国的力量，朝着每一个目标稳步前行。

因此，这篇重磅文章提出的三个落脚点，就是"快干""实干""会干"。这六个字并不难懂，不仅要求抓紧时间、抛弃彷徨懈怠、实干兴邦，更要认识到"旧有的经验不能完全指导全新的实践"，"统筹兼顾，增强把握复杂局面的能力、提高破解难题的本领"。后面这一句，对于当下的各级党员干部来说尤其具有现实意义。

文章的结尾，"宣言"这样说——

"躬逢伟大时代，我们无比自信自豪；面对宝贵历史机遇，我们备感责任重大。让我们坚定拥戴核心、忠诚紧跟领袖，拿出勇气、鼓足干劲，奋力创造出无愧于历史、无愧于时代的新业绩，大踏步走向更加美好的未来。"

2018 年是改革开放 40 周年，也是落实十九大精神的开局之年，这样的落脚点，显然是在强调"落实"，也具备了"鼓与呼"的意义。全国的各级干部，都应该仔细读读这篇文章。

【解局】别有意味，又一重磅署名文章同日亮相央媒头版

2018/2/24

独孤九段

2018 年春节假期后开工第二天，第二篇署名"宣言"的长文整齐亮相各大党报头版。《人民日报》《光明日报》《经济日报》《解放军报》都不约而同在头版的下方，用通栏的形式刊登了这篇文章。

上一篇"宣言"的署名文章，发表在 2018 年 1 月 15 日，也是同样的处理办法。第一篇文章题目是《紧紧抓住大有可为的历史机遇期》，这次的标题更为简洁：《艰苦奋斗再创业》。

央媒的统一行动，自然预示着这两篇文章"大有来头"。

危 与 机

侠客岛推荐刘鹤的旧文时提到，2018 年这个时间节点很不寻常。十九大的开局之年、改革开放迎来 40 周年、全面建成小康社会开始最后三年的倒计时冲刺、前五年"四梁八柱"的改革措施面临件件落实的艰巨任务……2018 年还是 2008 年金融危机 10 周年，世界经济在一场股市大波动中迎来新年，贸易保护主义壁垒森严、全球化受挫，今后一段时间内，中国的发展不会"顺风顺水"。

正像刘鹤的文章中所判断的："危机的自我拓展只有走完全过程

才能达到新的平衡点，大危机一旦发生就注定是一个较长的过程。我们对可能出现的重大风险必须有充分的思想准备。"从这点来说，10年的阵痛期还在延续，中国现在依然处在"后危机时期"。正像2016年，《人民日报》上那位神秘的权威人士所言："我国经济运行不可能是U型，更不可能是V型，而是L型的走势。"

但是"危"中同样有机遇，"危机"二字就是危险与机遇的结合。刘鹤说："危机不仅具有对生产力发展的破坏作用，也有积极的创新作用，更有强烈的再分配效应……世界经济秩序将继续发生稳步但不可逆转的重大变革。"

这就是中国走入世界舞台中心的机遇。

刘鹤对于危机的认识，不妨作为两篇"宣言"文章的注脚来看。"紧紧抓住大有可为的历史机遇期"，这是中共高层对当今世界形势的战略判断，是为认识论，而"艰苦奋斗再创业"，则是面对挑战与机遇，必须有的精神状态和工作方法，是为方法论。一篇是对外形势的认识，另一篇是对内精神的激发，一外一内，一客观一主观，别有意味。

艰 苦 奋 斗

关于第一篇文章，岛上已经有过解读。今天刊登的第二篇同样重要。

标题是《艰苦奋斗再创业》，我们不妨拆成两个词：艰苦奋斗与再创业。

"艰苦奋斗"一词在物资匮乏的时代极为常见。新中国成立初期，中国一穷二白，发展不得不勒紧裤腰带、节衣缩食；改革开放初期，看到同世界发达国家的差距，邓小平坦言中国是个穷国、大国，搞四个现代化，要老老实实地艰苦创业。现今，中国已是世界第二大经济体，早已走出物资匮乏的时代，"艰苦奋斗"是否过时？

中央不这么认为，艰苦奋斗一方面是迫于落后的发展现实，但更重要的，这是一种延绵下来的精神斗志。"宣言"文章把中共比喻成近代以来最伟大的创业团队，还罗列了一个艰苦奋斗的"红色精神谱系"：红船精神、井冈山精神、长征精神、延安精神、西柏坡精神、大庆精神、"两弹一星"精神、改革精神、抗洪精神、抗震救灾精神、载人航天精神、塞罕坝精神……

时代在变，但中共这条"红色精神谱系"延续了下来，这是中共在不同时代表现出的不同的"创业精神"。所以，新时代继续艰苦奋斗，是有一条明晰的历史精神脉络的，这对极重视历史感的中共来说，绝不会丢弃。

再 创 业

而"再创业"三字则是源自对自身现实的清醒认识。

"宣言"的文章为此寻找了一个反义词：守成。在中国几千年历史中，王朝更替总是陷入循环，从创业时的奋发图强，一落为守成时的碌碌无为，继而崩解衰败。这个历史周期率左右了几千年的中国历史。直到今天，还有不少人拿出来套用在中共头上。

"跳出历史周期律"，不妨看作中共高层不断自我革命的问题意识。"宣言"一文给出这么一个答案：以守维成则成难继，因创兴业则业自达。意思是说，任何一项事业都不能靠"守"来维系，要靠不断"创"来发展，就像逆水行舟一样，不进则退。这就是"再创业"。

另一个"再创业"的紧迫感来源于对当前困难的认识。

"宣言"一文如此列举：

国际形势波谲云诡，周边环境复杂敏感，改革发展稳定的任务艰巨繁重，社会主要矛盾变化的影响广泛而深远，防范化解重大风险、精准脱贫、污染防治"三大攻坚战"摆在面前，特别是还有种种"黑天鹅""灰犀牛"……这些风险挑战，既有来自外部的、也有来自内部的，既有显性的、也有隐性的，都是我们需要穿越的雷区、闯过的险滩。

文章还举了泰山"快活三里"的故事，颇有意思。

泰山半腰有一段平路叫"快活三里"，一些游客爬累了，喜欢在此歇歇脚。然而，挑山工一般不在此久留，因为久歇无久力，再上"十八盘"就更困难了。综观历史演进、世间万象，大到国家、民族，小到个人、家庭，往往在摆脱枷锁、拯救危亡的时候能够迸发出不屈不挠的昂扬斗志，往往在摆脱贫困、解决温饱的时候能够激发出干事创业的蓬勃热情。一旦有所转变、有所成就，斗志和激情就容易消退，干劲和闯劲就容易松懈，徜徉在"快活三里"，失去了对"无限风光在险峰"的追求。

一句话总结：生于忧患死于安乐。

居安思危、知危图安，习近平曾提出"三个决不能"：决不能因为胜利而骄傲，决不能因为成就而懈怠，决不能因为困难而退缩。这就是说，中国不会躺在过去的功劳簿上，还得"艰苦奋斗再创业"。

两篇"宣言"文章一前一后推出，很明显是为新时代中国的改革鼓与呼，努力凝聚全党、全国心力，一致向前。从中也可以了解高层对中国发展形势的战略判断和基本立场。

中国今后的发展道路上，一定有恶意"棒杀"，有诡谲"捧杀"，也有"向左走还是向右走"的无端争议，但读懂了这两篇文章，就可以有基本的判断力。

【解局】信息量巨大！多名政治局委员连续发文谈机构改革

2018/3/17

明日绫波

十三届全国人大一次会议的日程已近尾声。

2018年3月17日上午，国务院机构改革方案被全国人大批准通过。相信每位认真读过岛上发布的全文版本的岛友，都会对方案改革力度之大、涵盖面之广、涉及利益格局之深有深刻的印象。

众所周知，此次机构改革，全称是党和国家机构改革，统筹的是党政军群等方方面面的机构改革。到目前，"政"的方案已经批准公布；党、军、群等方面的机构改革，有的在前些年已经开始，有的整体改革方案则还未完整公布。

从2018年3月12日到3月17日，已经连续有6名政治局委员在《人民日报》上发表署名文章，每篇6000字左右，谈此次党和国家机构改革。已刊登文章的6人，分别是丁薛祥、刘鹤、杨晓渡、陈希、郭声琨、黄坤明。每个人文章的切入点各有不同。

这些文章整齐亮相党报，无一例外透露出了党和国家改革的逻辑和方向。

核 心 任 务

岛叔在通读完几篇文章后，发现文章都有一条主线：这次的党和国家机构改革，关键和核心是要"坚持和加强党的领导"。

在政治局委员们的文章里，可以清楚看出这样的逻辑。推进党和国家机构改革，是因为目前的机构职能体系设置，不完全符合治理体系和治理能力现代化的要求，不改革不足以解决新时代的社会主要矛盾，也不足以满足完善市场经济体制、解决人民关注问题的需求。

但无论怎么改，归根结底，需要统领这项改革、改革同时需要达到的目的，是完善和强化党的领导，使各项事务的治理更加制度化、规范化、程序化，"提高党科学执政、民主执政、依法执政水平"。

在政治局委员的文章里，我们可以清楚地看到这样的论述——

"坚持和加强党的全面领导，是推进党和国家机构改革的核心任务、关键所在。"

"坚持党的全面领导，最根本的是坚持党中央权威和集中统一领导。党中央集中统一领导，是党的领导的最高原则，是最根本的政治规矩。"（黄坤明，3月17日5版）

"国家治理体系和治理能力现代化，是我们党领导下的现代化，而不是别的什么政治力量领导下的现代化。不仅不能动摇党的领导，而且要有利于坚持和加强党的全面领导。"（丁薛祥，3月12日）

"坚持把加强党对各领域各方面工作领导作为首要任务，完善坚持党的全面领导的制度安排，保证党领导人民有效治理国家。"（郭声琨，3月16日）

"坚持党对一切工作的领导，是加强党的长期执政能力建设的根本原则，也是深化党和国家机构改革的首要任务。"（陈希，3月15日）

意思很明确，坚持和加强党的领导必须贯穿整个改革的始终。机构改革要推进，党的领导是必需的，而机构改革的目的，就是要让党的领导通过组织制度的完善得到更好地贯彻和落实。

目　标

其实，在十八届三中全会的《决定》中就可以看到，此次党和国家机构改革，目的就是要建立"总揽全局、协调各方的党的领导体系，职责明确、依法行政的政府治理体系，中国特色、世界一流的武装力量体系，联系广泛、服务群众的群团工作体系"，推动人大、政府、政协、监察机关、审判机关、检察机关、人民团体、企事业单位、社会组织等，"在党的统一领导下协调行动、增强合力"。这说得很明白了，党的地位和作用是"总揽全局、协调各方"。

与这个目标相比，目前的机构设置还存在一些问题。丁薛祥的文章里，有这样一段非常明确的表述：

"由于一个时期片面理解和执行党政分开，一些领域党的领导弱化的现象还不同程度存在，党的机构设置和职能配置还不够健全有力，保障党的全面领导、推进全面从严治党的制度和体制机制有待完善。"

怎么解决？丁薛祥表示，除了要靠"贯彻执行党的基本理论、基本路线、基本方略"，靠"全面从严治党"、靠"同形形色色的否定、削弱、淡化党的领导的言行作斗争"，也要"靠深化党和国家机构改革，来完善党的领导体制机制"。

所以说，这些年中央的改革思路是非常明晰的，有一个明确的核心，就是要改变过去党的领导弱化的现象。一方面从反腐倡廉、理想信念教育入手，另一方面，要从体制机制上保证党的领导得到加强而不是削弱。

那么，怎么改？

制 度 安 排

黄坤明的文章，其中有专门一章谈到了"完善坚持党的全面领导的制度安排"。

首先，是建立健全"党对重大工作的领导体制机制"。众所周知，党的十八大以来，先后成立了中央全面深化改革领导小组、中央国家安全委员会、中央网络安全和信息化领导小组等，这些"小组"，都属于外界在三中全会《决定》中看到的一个名词："党中央的决策和议事协调机构"。

事实上，60 年前，也就是 1958 年，党中央就成立了财经、政法、外事、科学、文教等领导小组。用毛泽东的话说，"这些小组是党中央的，大政方针在政治局"。此次党和国家机构改革则进一步明确，这些决策和议事协调机构"在中央政治局及其常委会领导下开展工作""负有对重大工作进行顶层设计、总体布局、统筹协调、整体推进的重要职责"。

哪些工作称得上"重大工作"？《决定》说得明确：深化改革、依法治国、经济、农业农村、纪检监察、组织、宣传思想文化、国家安全、政法、统战、民族宗教、教育、科技、网信、外交、审计等。可以说，方方面面。

确定这一点之后，则需要解决党的领导怎样做到"全覆盖"的问题。中纪委副书记杨晓渡就在署名文章中专门提到，经过改革，我们要达到建立"系统完备、科学规范、运行高效"的党和国家机构职能体系，其中"系统完备"，就是"重点解决党和国家机构职能体系覆盖面问题，确保党的领导全覆盖"。

覆盖面有问题吗？有的。比如，中纪委前阵子点名批评的"农产品中央批发市场管委会党委"，就出现了"以班子会代替党委会，党委有名无实""党的领导严重弱化"的问题，成为北京市对一级党组织严厉问责的典型，蔡奇称这一案件"教训极其深刻""犹如当头棒喝"。

因此，黄坤明的文章提到，在国家机关、事业单位、群团组织、社会组织、企业和其他组织中设立的党委（党组），要定期向批准其成立的党委汇报工作，接受其统一领导——简言之，就是你们这个党委（党组）是哪个党委批准成立，就归其领导、向其汇报。

比如，党的十八大以来，全国人大常委会、国务院、全国政协、最高人民法院、最高人民检察院的党组，都要定期向中央政治局常委会进行工作汇报，这就是一例。改革后，还要加快"在新型经济组织和社会组织中建立健全党的组织机构"。

更重要的是，要统筹设置党政机构、更好发挥党的职能部门作用。

这是两个层面的问题。前者，针对党政机构实际运行中存在的"机构重叠、职能重复、工作重合"等突出问题，因此提出，"党的有关机构可以同职能相近、联系紧密的其他部门统筹设置，实行合并设立或合署办公"。监察委和纪委合署办公就属此例，实现对公职人员监督全覆盖。

后者，则是要把目前已经存在的职能部门的作用真正发挥出来。比如，党委职能部门是负责党委某一方面工作的主管部门。例如组织、宣传、统战、政法、机关党建、教育培训等，主管某一系统、某一领域，其管理职能相对独立。经过改革，这些部门要更有力地归口协调、统筹工作。

结　语

通过机构改革完善党的领导机制，有什么效果呢？

杨晓渡的文中这样论述：

"只有建立健全党对重大工作的领导体制机制，才能保证党中央令行禁止和工作高效；

"只有强化党的组织在同级组织中的领导地位，才能确保党的方针政策和决策部署在同级组织中得到贯彻落实；

"只有优化党的部门职责配置，才能更好发挥党的职能部门作用；

"只有统筹设置党政机构，防止机构重叠、职能重复、工作重合，才能推动党和国家各项工作在党的统一领导下，各就其位、各司其职、各尽其责、有序协同；

"只有积极推进党的纪律检查体制和国家监察体制改革，才能实现对所有行使公权力的公职人员监察全覆盖，通过不懈努力换来海晏河清、朗朗乾坤。"

正像刘鹤所言，此次党和国家机构改革，是一场深度具有"革命性"的改革，涉及多方面权力和利益的调整，要对现有的传统既得利益进行整合，重塑新的利益格局。改革必定触动一些部门的利益，也会遇到不小的阻力。但丁薛祥在文中也说了，"在深化党和国家机构改革中找准方向和重点，该加强的加强，该调整的调整，该完善的完善，该改进的改进，不能有任何含糊和犹豫。"

如何才能让改革不含糊不犹豫，冲破部门利益的藩篱？高层已经有共识：坚持和加强党的领导是一把锋利的开山斧。

【解局】就在今天，几大党媒头版刊发了篇重磅文章

2018/4/2

独孤九段

同样的节奏，同样的规格，这是"宣言"署名文章的第三次整齐亮相。

前两篇的"宣言"文章，侠客岛都第一时间做了解读。第一篇《紧紧抓住大有可为的历史机遇期》，讲的是认识论，怎么认识现在所处的历史方位；第二篇《艰苦奋斗再创业》，讲的是方法论，怎么抓住这个历史机遇期；今天，第三篇《为有源头活水来》刊登，讲的是目的论，改革到底为了谁？

可以看出，这三篇大有来头的文章，逻辑上非常严密，从认识论到方法论，再到目的论，围绕的无非是新的历史形势下，怎么推进改革的问题。

2018年，是改革开放40周年，改革面临40年后的再出发。接下来的这几十年怎么办？冲刺之前，需要统一思想，凝聚共识。这也是这三篇署名文章的用意所在。

2018年4月2日刊登的《为有源头活水来》，题目较为诗意，但回答的问题却很重要，也就是改革为了谁？

人　　民

毫无疑问，答案只有两个字：人民。标题所谓的"源头活水"，其实就是说，改革只有深深地植根于人民，全心全意为了人民，才能获得源源不断的改革动力和民意支持。

这当然不是一句套话，更不是空话。

我们如果从中国的历史来看，每一个王朝的建立，在"打天下"的时候，无不获得了老百姓的支持，但是一旦掌握权力，整个天下就变成了一家一姓的私产，久而久之，掌握权力的就蜕变成了一个牢固的利益集团，严重侵害天下的公利，所以不得不以另一场革命来打破原有的生产关系，重新分配土地等生产资料。

中国古代"一乱一治"的轮替，根本上就是历朝历代的统治者都没能解决好"公私"的问题。权力本是人民赋予统治者的治理手段，是天下的公器，一旦私有，便是变质的开始。

所以，有这个历史背景在，你就能理解为什么中共特别强调自己"除了工人阶级和最广大人民的利益，没有自己特殊的利益"，这句话郑重写入了党章，表示中共在自己的建党原则上，绝不允许党蜕变成一个"利益集团"，因为一旦结成"利益集团"，权力就成私有，久而久之必然会失去人民的支持。

这些年，中共一直在强调"四大危险"，其中一个就是"脱离群众的危险"，脱离群众，就是脱离人民。可见，在防止权力蜕变的问题上，中共有着清醒的认知。

精　　神

怎么办？人民当家作主。

"宣言"文章回顾了共和国成立后的历史，说，"亿万中国人因为能够成为这片大地的主人而扬眉吐气，能够为自己的家园劳作而意气风发……无数劳动者挥洒着汗水，也燃烧着激情，无数建设者不惧任何困难而拼搏向前。"也就是说，共和国在新成立后不久，就取得了翻天覆地的变化，根源在于亿万人民对这个政权、这个政权的执政党有高度的认同，所以才会为共和国的建设奉献力量，同时，在奋斗中，获得精神和物质的回馈。

我们看新中国成立初期的建设历史，看改革开放以后迅速迸发的中国速度，无一不得益于政权与人民之间正向而积极的互动。"上下同欲者胜"，我们常说民族精神，往往在大变革、大发展的时候表现得更充分。人人都觉得有机会改变命运，人人都能通过自己的奋斗获得幸福，这样的社会才是充满活力和希望的。

无疑，在改革再出发的今天，我们同样需要这样的民族精神。而要激发这种精神，必须抵住利益集团对涉及人民整体利益的改革的干扰，不断打破固化的利益，让人民参与到改革中来，在改革中感受到实实在在的获得感。

制　　度

这必须要有制度的基础做保障。

"宣言"文章列举了这5年的一些工作。比如，各级人民代表大会中一线工人、农民、知识分子代表越来越多；各级机关政务微博账号从不足6万到近18万的增长数量；纪检部门开发的手机随手拍、微信一键通等网络平台……人民行使知情权、参与权、表达权、监督权，更直接、更便捷、更见成效。

比如，基层有民主恳谈会、民情通报会、社区议事会、村民决策听证会，协商形式丰富多样，人民参与政治生活的渠道大为拓展。

又比如，为维护人民利益，出台或修订《民法总则》《环境保护法》《食品安全法》《消费者权益保护法》等一大批关系群众切身利益的法律法规；司法体制改革大力度推进，一批群众反映强烈的冤案错案得到昭雪；国务院部门行政审批事项削减44%，非行政许可审批彻底终结，中央政府层面核准的企业投资项目减少90%……权力"瘦身"、职能"健身"，促进人民群众干事创业热情。

这个逻辑顺延下来，就是这次党和国家的机构改革。这次机构改革聚焦今后3年，着眼未来30年，也就是说，要理清制度，理顺党和政府、政府各部门、中央和地方、地方各部门之间的关系，为建设社会主义现代化强国打下制度的基础。

但无论是顶层设计、制度变革还是落实阶段，有一个社会主要矛盾的问题导向：人民日益增长的美好生活需要和不平衡不充分的发展之间的矛盾，有一条改革主线贯穿其中，就是"保障人民当家作主、增强党和国家活力、调动人民积极性"。

所以，明确改革的目的很重要。改革一方面要解决人民群众实实在在的痛处，柴米油盐、教育医疗；另一方面，要增加改革的"透明度"，让人民群众更加广泛地参与改革的谋划、落实和监督。一句话，老百姓是哭还是笑，应该成为我们所有改革成败的"试金石"。

【解局】这则中纪委通报，不是抓老虎

2018/6/13

火山大狸子 & 独孤九段

近期，一则中纪委的通报不出意外地在网络上流传开来。

不过，这一次并不是抓老虎，而是就生态环境问题问责一批基层官员。这则中央纪委的通报，曝光了 6 起生态环境损害责任追究典型问题，涉及天津、河北、江苏、安徽、重庆和甘肃六省市，被通报人数达 40 多人，都是县区乡镇一级的领导干部。值得注意的是，这是中央纪委首次就该领域的责任追究典型问题进行通报。

作为党中央的纪律检查机关，用中纪委通报的形式来对付这些基层的失责官员，是不是杀鸡用了牛刀？中纪委不仅管党纪还管起了环保，这又是什么节奏？

现　　象

不妨从现象中找答案。

从 2015 年 12 月至今，中央已经展开了四批环保督察"全覆盖"工作，对全国 31 个省（区、市）存在环境问题进行了一次全面摸底。督察进驻期间，共问责党政领导干部 1.8 万多人，受理群众环境举报 13.5 万件，直接推动解决群众身边的环境问题 8 万多个。

不过，从某种意义上来说，第一轮"全覆盖"督察其实更像是一次对地方党委、政府生态环境保护工作的全面体检。但光有体检，却没有"看病抓药""复查"，这肯定是不够的。

所以，2018 年 5 月 30 日，6 个中央环保督察组分别进驻河北、河南等十省（区），开展第一轮中央环境保护督察"回头看"工作。

这一看，可了不得，问题全来了。

以近期媒体密集报道的内蒙古和林格尔县一家木器加工厂为例。明明在 2016 年开展的第一轮中央环保督察中，该企业就已经被责令整改，且在同年向社会公示已办结。但前两天，中央第二环保督察组又收到了群众举报，说这家企业有大气和噪声污染，且无环评手续。

最后经过调查，这家工厂在第一轮中央环保督察中被举报、被查封之后，根本没停产。最近停产一周，也是为了"迎接"督察组。

广西北海的一家镍业公司被群众举报后，北海市言之凿凿：公司手续齐全，群众举报不实。结果呢？近期中央环保督察"回头看"发现：该公司有大量强碱性冶炼废渣，堆填侵占滩涂约 600 亩。可谓触目惊心。

在江西南昌，群众投诉企业排放污染气体，相关责任主体仅搭块塑料布就算完成整改。群众投诉塑料厂夜间生产排废气，企业就由夜间改为白天生产；在广东省，为了"解决"河边污水排放口污染物浓度严重超标的问题，当地水务部门官员就采取了"调水稀释"的应急方式。嗯，水质临时达标，就算完成任务了嘛。

这种"假整改""表面整改"糊弄的可是中央来的督察组。还好这种"猫捉老鼠"的把戏中央也是心知肚明，所以要搞"回头看"，杀个"回马枪"。

说到这，各位岛友恐怕已经明白，中央环保督察完全是比照中央巡视来的。

性　　质

中央对于环保重要性的强调，不用赘述。尤其是党的十八大以来，环保更是习近平重点抓的工作，还成为了全面建成小康社会倒计时阶段的"三大攻坚战"。

党的十九大报告将生态文明建设称为中华民族永续发展的"千年大计"。而在 2018 年 5 月举行的全国生态环境保护大会上，生态文明建设又被上升到中华民族永续发展的"根本大计"的高度。

习近平有句话说得好，生态环境是关系党的使命宗旨的重大政治问题，也是关系民生的重大社会问题。

可见，在中央看来，生态环境问题绝不是一个业务问题，也不是生态环境部一家的事。既然是政治问题，那就事关全局，站位就非常高了。

从中纪委的这次通报中，我们也可以发现，被处理的 40 多人中，除了环保系统的官员外，还有很多分管领导，甚至党政一把手。与党风廉政建设一样，环保问题同样被明确为主要领导的主体责任问题，是需要一把手亲自抓的大事。如果出问题，同样不能免责，甚至终身追责。

这是这次中纪委通报传递的明确信号。

关　　键

那么，为什么说环保问题是政治问题?

认识上不用说了，是"千年大计""根本大计"，是中央的决策部署，也是各级领导干部肩头的政治责任。但在具体问题上，环保问题又折射出一些领导干部落伍的政绩观以及形式主义、官僚主义，变成"四风问题"，那纪委就不得不管了。

比如，刚才提到的几个地方糊弄中央环保督察组的现象，肯定不只是污染企业的大胆妄为。相反，在原先粗放型的经济发展模式中，高污染企业牺牲了子孙后代的环境，换来了经济收益，也在利益上绑定了地方政府，甚至个别官员。一说要转变发展方式，绿色发展，必定是拼命维护既得利益。在很多污染企业虚假整改、打马虎眼的背后，总少不了地方政府或个别官员"睁一只眼闭一只眼"，甚至包庇纵容。

所以，跟中央环保督察玩"躲猫猫"，搞阳奉阴违、弄虚作假，这不是形式主义、官僚主义是什么？

用中纪委通报的话来说：这些地方和单位的负责同志政治站位不高，作风不严不实，抓生态环境保护的意识不强，重经济效益、轻环境保护的错误政绩观犹在，形式主义、官僚主义问题突出，导致群众反映强烈的环境污染问题长期得不到有效解决，对违反生态环境保护政策法规的行为查处不力，严重偏离了中央决策部署，侵害群众切身利益，制约经济社会可持续发展，必须严肃查处问责。

习近平一直特别强调抓问题要抓关键，要抓关键少数。在2017年5月的中央政治局会议上，习近平说这一句话，"生态环境保护能否落到实处，关键在领导干部"。所以，中央看得很明白，这环保问题的关键还在于"治官"。

同巡视一样，几年前，党内正风肃纪，巡视全覆盖，还有不少杂音认为就是一阵风，躲躲就过去。不想几年下来，倒成了常态，永远在路上。

同样，在环保这个问题上，中央的态度也很坚决，前些年粗放发展的债，晚还不如早还。中央环保督察也完全比照中央巡视来。

这种态势下，地方上还有些领导干部看不清形势，欺上瞒下，那对不起，纪委专治各种不服。

第二部分　改　革　篇

【解局】一天两则重磅新闻，军队改革又有大动作

雪山小狐

2017 年 11 月 13 日，两则关于军队的新闻很值得关注。

先是早上《人民日报》第 11 版的一篇文章《最严禁酒令军营咋执行》，引起了强烈反响。

临近傍晚，另一则重磅消息传来：中央军委日前印发《军级以上领导干部有关待遇规定》，自 2018 年 1 月 1 日起施行。

这两件事，都是事关军队作风建设的大事。

"技　防"

在十九大报告辅导读本中，中央军委副主席许其亮写道：优良作风是一支英雄部队的天然风貌，作风松散严重背离人民军队的本色形象。

禁酒，无疑是塑造军队形象的重要途径。事实上，多年来，不少军队在这一块已经做了诸多有益探索。

先来看技术层面的防治。

在 39 集团军某防化团大门口的水泥柱上，就装有一个特殊的门禁——酒精含量报警器。据军务蒋参谋介绍，这个报警器，可在大

门、家属院、仓库、招待所等场所同时挂接多个探测器，对于禁酒，非常有效。

而武警保定市支队专门制作了"十一个严禁"警示卡，要求官兵时时处处佩戴。利用出操前、饭前、上下班的时间，开展"禁酒三问"活动，对官兵尤其是休假、培训、在外学习人员采取短信互动、电话查访、家属互管等形式督查。

此外，他们还把"禁酒治酒"纳入干部考核量化成绩表，实行一票否决制。

制度建了，就要严格执行。

2016年7月，某连战士请假外出返回单位时，被高精度酒精报警器发现外出期间私自违规饮酒，最终被勒令提前退役。

2016年8月中旬，空军某训练基地一场站4名干部聚餐饮酒并驾车外出。空军就按照"禁酒令"有关处罚规定，严格执纪问责，给予场站政委撤销党内职务、由正团职降为副团职的行政处分，给予场站代理站长党内严重警告、行政记大过处分，基地主要领导被责令在空军安全稳定电视电话会议上作公开检讨。

"人　防"

当然，与"技防"相比，"人防"的重要性，也不容忽视。观念上的扭转，意义或许会更加深远。

在军队的环境中，不少军人过去有着很多错误的观念，对"军人气概"有很多误解。

曾经有那么一段时间，社会和军营都存在一些不健康的交往方式，不良酒文化盛行：把喝酒视为检验感情是否"真"、关系是否"铁"的试金石。

"小时候喜欢看《三国演义》里关云长温酒斩华雄的故事，觉得当兵就应该是上了战场冲锋陷阵，下了战场一醉方休。"武警保定支队的新兵王全铭在入伍前，曾认为喝酒能体现军人的豪气、英气，"比如喝庆功酒时，用牙开酒瓶盖，一口气喝一瓶，当时觉得这才爷们儿、这才帅气"。

对于这种错误的认知，思想道德教育和正面积极的引导至关重要。

海军驻西沙某水警区就将违规饮酒的一些典型案例作为反面教材，进行剖析反思，同时通过张贴警示标语，组织小讨论、小演讲等活动，切实把禁令要求内化于心、外化于行。

而39集团军某防化团的党委每季度都会评选一名团禁酒大使，并将禁酒大使与单位的年终评功评奖挂钩。几年来，8名"禁酒大使"被予以表彰。因在禁酒工作中率先垂范，教导员王鹏连续3年荣获"禁酒大使"称号，成为官兵身边的"网红"和"暖男"。

全面从严治军

归根结底，所有这些制度和措施，都有一个共同的出发点，就是——"全面从严治军"。

2017年10月26日下午，党的十九大之后，习近平的首次单独公开活动，就是出席在京召开的军队领导干部会议，向军队系统传达十九大精神。在这次会议上，习近平就特别提到了"全面从严治军"。

在新一届、第一次会议就提，而且是浓墨重彩地提，可谓意味深长了。

当然，与"全面从严治军"相呼应的，还有一个大家更熟悉的词，叫"全面从严治党"。

在全面从严治党方面，毫无疑问，我党有着丰硕的成果和宝贵的经验。

在党的十九大第二天召开的第一场记者招待会上，中纪委副书记杨晓渡专门分享了过去五年从严治党的心得，就是"刹住了许多人认为不可能刹住的歪风"。

杨晓渡举了一个非常生动的例子："人民群众原来说一年公款吃喝要吃掉两千亿，不知道用什么办法治住它。就这么一个'八项规定'出来，应该说这个问题基本上解决了。"

以一个"八项规定"为突破口，就能够刹住许多人认为不可能刹住的歪风，推动全面从严治党。那么，在全面从严治军方面，有没有什么突破口呢？

《人民日报》13日的文章《最严禁酒令军营咋执行》很有启发意义。全文近3000字，非常细致地回顾了自9月底，中央军委颁发《关于严禁违规宴请喝酒的规定》以来，禁酒令取得的成效。

2017年10月26日国防部发布会上，国防部新闻发言人任国强也专门强调，9月底颁发的这一规定，已经在全军落实一个月了。

可见，"禁酒"对于全面从严治军，有着重大意义。

持　久　战

其实，军队作风建设已经持续很久了。

早在2008年8月1日，空军就以命令形式颁发了"禁酒令"。

2012年12月，中央军委又出台《中央军委加强自身作风建设十项规定》，要求"不安排宴请，不喝酒，不上高档菜肴"，在军营引起强烈反响。全军上下对饮酒行为作出严格约束，对公款吃喝、过量饮酒、工作日饮酒等采取了明确的惩戒措施。

2016年4月，空军又制定了《从严贯彻执行空军"禁酒令"措施》。

该禁令明确规定，严禁工作日饮酒，严禁执行战备、轮战、演习等重大任务期间饮酒，严禁值班执勤、操课办公、会议集训期间饮酒，严禁各级工作组下部队期间饮酒，严禁着军装在营业场所饮酒，严禁任何时机、任何场合酗酒或过量饮酒。

短时间内，如此密集地出台一系列政策，可见决心之坚。

那么，这些法规实施情况怎么样呢？

2017 年 2 月，《人民日报》就曾做过追踪，它给出了一组数据：某部实施"禁酒令"后，同期接待费比 2016 年下降 45.4%，官兵存款上升 56.8%。而空军自 2014 年年底以来，严厉查处违反"禁酒令"15 人、失职渎职 87 人，空军部队无违纪连队超过 95%。对比数据，报道称："禁酒令"正在产生积极的效果。

11 月 13 日，这一表述又有了变化，一个多月以来，全军官兵坚决拥护、严格遵守，健康向上的工作生活习惯蔚然成风。

13 日傍晚出台的《军级以上领导干部有关待遇规定》，无疑也是呼应了这一作风要求。它严格规范了军级以上领导干部在办公用房、住房、用车、工作人员配备、医疗等方面的待遇标准。

报道称，这是中央军委认真贯彻党的十九大精神、严格落实中央八项规定精神和军委十项规定要求的重大举措和实际行动，彰显了以上率下、严于律己、全面从严治军的坚定决心。

当然，这些都只是一些阶段性成果。回到 10 月 26 日的军队领导干部会议，在狠抓全面从严治军方面，习近平强调，要"坚持严字当头、一严到底，把全面从严治军贯穿我军建设各领域全过程"。

相信，未来还会有更多值得期待的措施和成果。全面从严治军，永远在路上。

【解局】史上最严资管意见出台，金融业躺着挣钱日子到头了？

2017/11/19

庖丁骑牛

2017 年 11 月 19 日晚间，继"股王"茅台下跌 4%，创业板跌幅超过 2%，上百只小股票跌停之后，金融业长达万字的超重磅监管文件问世了。

同月 17 日，人民银行、银监会、证监会、保监会、外汇局出台《关于规范金融机构资产管理业务的指导意见（征求意见稿）》，意见稿长达 10000 字，分 29 条，信息量可谓巨大。

事实上，这一出台意见稿，堪称史上最严的资产管理意见。它的出台，既意味着金融业吃着火锅唱着歌的时代，已经一去不复返，更意味着资产管理将结束规模"大跃进"时代，步入质量提升"新时代"。

本　源

为什么要对资管业务进行规范？

简单来说，两个维度：一是行业规模巨大，对我国经济发展举足轻重；二是行业发展不规范，呼唤更全更严的监管措施。

自 2004 年推出首只银行理财产品以来，我国的资产管理行业就迈入了高速发展阶段。"大资管时代"下，证券、基金、期货、保险等多种理财产品喷涌，截至 2016 年底资产管理行业规模达到 102 万亿。102 万亿是什么概念？同年年底，我国的 GDP 水平是 74.4 万亿，远不及资管行业规模。

但是，行业规模狂飙突进背后，往往是概念不明、业务发展不规范、监管标准不一的现象，极易引发监管套利、资金池、刚性兑付等问题，为行业监管和调控带来重大风险隐患。

比如，在到底什么是"资产管理"上，业内此前就难以形成一个准确的概念。朴素意义上理解，无非就是金融机构为委托人代为管理资产（包括投资和管理），然后收取一定的管理费。但是委托人和受托人范围有哪些？这其中的风险怎么控制？管理费怎么收？会不会引发一些投机行为？

这一次，《指导意见》真正回归了行业"受人之托，代客理财"的本质，第一次明确规定了，资管是指"银行、信托、证券、基金、期货、保险资管机构等接受投资者委托，对受托的投资者财产进行投资和管理的金融服务，金融机构为委托人利益履行勤勉尽责义务并收取相应的管理费用，委托人自担投资风险并获得收益"。

过去几年，由于对资管的范围定义不明确，不少金融机构就"误入歧途"，利用资管做掩护，从事一些高杠杆、非法交易行为，偏离了资产管理的本质，资产管理能力也没有很好地建立起来。

这一定义首次明确了监管主体的范围，无疑是在贯彻"所有金融业务都要纳入监管"的精神，实现穿透式监管。

刚 性 兑 付

值得关注的另一点，是定义中提到的"委托人自担投资风险并获得收益"。这无疑是在针对长期以来资管行业发展的"阿喀琉斯之踵"——刚性兑付问题。

什么是刚性兑付？简单来说，就是金融机构对投资人承诺保本保收益，出现兑付困难时，金融机构要"兜底"、垫付资金，这也是过去行业的通行规则。

听起来对投资者是一件好事，但这会出现什么问题呢？一旦金融机构资金池出现问题，无法垫付，就会出现非常严重的群体性事件。由此引发理财、投资一出事就找政府闹事的现象。这不仅扰乱市场纪律、加剧道德风险，更会牵扯大量的行政和社会成本。

事实上，对于投资者来说，既然是金融投资，势必要承担一定的风险。中国的金融市场要更开放和规范，就必须教育投资者，使之拥有更加科学的投资观。打破刚性兑付早已是金融业的普遍共识。

这次，《指导意见》就花了重要篇幅讲了打破刚性兑付监管要求。

一方面，提出金融机构对资产管理产品应当实行净值化管理。怎么理解呢？就是不再给理财产品定预期收益率，也不保证客户的收益，而是像基金那样按净值申购、赎回。在这种情况下，投资者年初买的净值1.05的产品，年底可能变为1.02，他需要自己承担损失。说白了，就是打破刚性兑付的另一种说法。

另一方面对刚性兑付行为进行界定，并加强惩处。从法律、制度上规范，并设定惩罚措施，无疑显示了监管机构的决心。

去杠杆、资金池

杠杆问题，一直是金融监管的重中之重。

在中国，去杠杆，是中央提出的"三去一降一补"五大任务下的重要一环。无论是2015年股市异常波动、楼市的房价泡沫，还是传统去产能行业的过高负债率，无疑都是高杠杆的"锅"。

央行行长周小川也曾专门强调，宏观层面的金融高杠杆率和流动性风险问题。他说，"高杠杆是宏观金融脆弱性的总根源。在实体部门体现为过度负债，在金融领域体现为信用过快扩张。"

那么，这一次《指导意见》是怎么去杠杆的呢？对所有杠杆的类型和内容进行了明确的定义，相当于一个"负面清单"。等于是告诉各个金融机构，以后这些清单里的事就别干了，否则，法律可不是吃素的。

内容太多，就举个例子。比如，其中提到了一种"投资人举债购买产品、或将持有的产品再次质押融资的加杠杆行为"，是要坚决打击的。

这是什么意思呢？打个比方。很多银行都会发放各类贷款，借贷人可能会在二十年、三十年之内还完。这本来是一件很简单的事情，但问题是二十年、三十年对银行来说太久了啊，手上没现金流怎么投资呢？于是，他们想了一个办法，把所有这些应收的贷款打包，做成基金或者其他理财产品，卖给其他投行或者投资人，这样就能拿到现金进行下一轮投资项目了。

可能很多人要问，应收款也能质押吗？听起来很不可思议，但在金融界这还蛮常见的。甚至于，接手的第二家投行会继续把这个产品再度打包，传给另一个下家，如此多轮，最终流向个人投资者。

这个过程中，你会发现，每一项产品的再打包，都是在加杠杆，每一家金融机构都会"雁过拔毛"，而最终的风险和代价却需要投资者们承担。更重要的是，他们尽管制造了超高的流水和业绩，却于实体经济毫无裨益，甚至极其容易引发系统性金融风险。

诸如此类的多层嵌套等，无疑都是要严厉打击的对象。

除此之外，《指导意见》还明确提到了广为诟病的资金池业务。思及此，像 2015 年盛行的 P2P 集资恶性事件、共享单车押金退还难、各类庞氏骗局，估计要无所遁形了吧。

统　　筹

从内容层面解决了金融的监管问题，我们再来谈谈技术上的实施问题。

事实上，大家可能已经发现，这一次的《指导意见》，从始至终都贯彻了一个"金融大监管"的理念。这当然不是一个新鲜的概念，甚至已经被行业讨论很久，但这次《指导意见》的出台，对其依然具有很强的节点意义。

联系到此前几场重要的会议。

2017 年 7 月，全国金融工作会议在京举行。除了明确了金融监管的方向和底线，更明确提出"加强宏观审慎管理制度建设，加强功能监管，更加重视行为监管"。

10 月 18 日，党的十九大报告中，习近平提到了"健全金融监管体系，守住不发生系统性金融风险的底线"。

而本月国务院金融稳定会第一次会议，则是提出了金融监管的"统筹、协调"——统筹金融改革发展与监管，协调货币政策与金融监管相关事项，统筹协调金融监管重大事项，协调金融政策与相关财政政策、产业政策等。

毫无疑问，在一个资管规模已经超过国家 GDP 规模的形势下，统筹、协调管理对于金融监管至关重要。

但此前我国的监管状态是怎样的呢？周小川曾直言"铁路警察，各管一段"。也就是说，中央和地方金融监管职能不清晰，在监管真空下，一些金融活动游离在金融监管之外。同时，统计数据和基础设施尚未集中统一，加大了系统性风险研判难度。

此外，全国金融工作会议和国务院金融稳定会议都曾提出：当前的金融风险是经济金融周期性因素、结构性因素和体制性因素叠加共振的后果。

　　这一切，无疑都对监管机构的协调能力提出了更高的要求，呼唤一个具有更高站位、更广视角、更强能力的监管机构。

　　中国的金融监管，已经迈入大监管的新时代。

【解局】环保部，特急！

独孤九段

2017 年 12 月 7 日上午，终于传来好消息。

环保部已经向京津冀及周边地区城市下发《关于请做好散煤综合治理确保群众温暖过冬工作的函》特急文件，明确进入供暖季后，一些地方如果没有完工"煤改气""煤改电"工程，依然可以继续沿用过去的燃煤取暖方式或其他替代方式。文件提出"坚持以保障群众温暖过冬为第一原则"。

这就对了！

唯　　上

雾霾天气人人痛恨，国家治理空气污染下了大决心。作为北方雾霾的重要来源，冬季取暖的散煤燃烧自然在整治之列。所以，2016年 10 月，京津冀及周边地区大气污染防治协作小组第七次会后，国家开始陆续在北京周边设立"禁煤区"。与此同时，各地开始大力推进"煤改气""煤改电"工程。

这是个非常庞大的能源结构改革工程，涉及工业生产中燃料的升级换代，也关系到普通老百姓的生火做饭、取暖过冬，既是发展问题，又是民生问题。

国家的决心很大，地方的执行也超级高效。一时间，很多地方张挂起各色各样的宣传条幅，有些宣传语一副恫吓的口吻，烧煤卖煤就要"抓抓抓"。一些老百姓家里灶台被拆了，烟囱被堵上了，卖散煤的被拘留了……

层层下指标压任务这种事，早已司空见惯。很长时间以来，一些政府部门的执行方式就是这样，喜欢用运动、大干快上、多少天攻坚等等战斗话语。这套方式在很多事情的执行上是高效的，但同时，也是非常粗放、粗糙的，后遗症不少。尤其是在信息时代，群众维权意识强烈，这种工作方法不少时候左支右绌。

这种方式的目的很明确，就是为了完成上级交办的任务，考核也很简单，有一组详细的条目，完成多少多少指标。这个执行过程很容易导致上下级之间的封闭循环，滋长形式主义和官僚主义。只要不闹出大事，民众的反馈、社会的舆论都不成为重点。因为，它的内生逻辑就是"唯上"。

走　样

这使得我们一些改革政策出发点很好，但基层在执行过程中却走了样，尤其可恶的是，执行中变本加厉、塞私货、一刀切，引得民怨沸腾。

毛泽东在《反对本本主义》一文里就批评这种做法是"形式主义"，他说，对于上级领导机关的指示，"不根据实际情况进行讨论和审察，一味盲目执行，这种单纯建立在'上级'观念上的形式主义的态度是很不对的。为什么党的策略路线总是不能深入群众？就是这种形式主义在那里作怪。"形式做给谁看？老百姓看的是实效，形式自然只能给上级看。

毛泽东还尖锐地指出："盲目地表面上完全无异议地执行上级的

指示，这不是真正在执行上级的指示，这是反对上级指示或者对上级指示怠工的最妙方法。"

说得很深刻。

但是，基层执行过程中的"盲目"有时又并不完全是主观恶意，只是在这种运动式的、限期执行完毕的压力下，在上级领导斩钉截铁定任务、下指标，干不好就下台的威吓里，即使基层可能对改革对象情况的掌握要比上级更精准，基层依然没有任何商量的余地、腾挪的空间。这在短时间的改革推进中，尤为明显。

于是，压力层层传导，指标层层加码。上边说 30 天，到了底下就要求 20 天、半个月搞定。政策执行的钢绳越绷越紧。缺乏弹性的后果，就是在压力之下，执行者反倒脆弱不堪。

这些年，一些地方制定的改革政策推不动，遇到阻力或反弹，就以稳定为由迅速回缩，结果，改革变成半拉子，政府信誉权威受损害，改革对象觉得闹一闹有好处。如此，陷入恶性循环。

陷　阱

而究其源头，背后都有改革政策制定前综合协调不够、单方面推进，执行中又操之过急的问题。

比如"煤改气""煤改电"，对环保自然是好事，但要让一个煤炭为主力能源的国家彻底扭转原来的能源结构，是极为复杂的系统工程，涉及的部门不仅是一个环保部，还有发改委、住建部、能源局等，涉及能源价格调整、小区管道改造、群众安置等大量工作，很难在短时期内一蹴而就。如果只是为了单一的环保指标，那可以大干快上，简单封了老百姓的烟囱、煤球炉交差，但电、气的管道线路建设又一时半会跟不上，到了冬天，就出现供暖的断档，天是蓝了，百姓却冻了。而已经装了电、气设备的，因为价格比烧煤要贵得多，政府补贴又跟不上，几千上万的取暖费对很多家庭来说负担太重。

但面对汹汹而来的社会舆情，政策制定者抱屈：我这都是为老百姓好啊，雾霾谁都不想再吸，不改革能行吗？基层执行者也委屈：我是在执行上级的指令，老百姓不理解，你跟领导去说啊。另一方面，群众不买账：治雾霾我支持，但为什么不让我温暖过冬？改革就差这一个冬天吗？

这种"不理解"如果没有沟通、疏导、纠偏，就逐渐积累了民众对改革的"不信任"，塔西佗陷阱越挖越深……

"煤改气""煤改电"的大方向是对的，这次环保部的及时纠偏是应急之策，并不是朝令夕改，但无疑提醒我们，要把改革的困难估计得更足一点，在前期谋划的时候，有关部门不妨多走走看看，多听听意见，少一点"办公室改革"；在推进的过程中，不妨多点温度、多些弹性。这不是说改革在执行过程中可以打折扣、讨价还价，而是说，改革需要注意节奏的缓急和各方的协调。

有些时候，改革不差一个冬天，只差一句嘘寒问暖。

【解局】经济工作会，好多关键词

2017/12/21

雪山小狐 & 独孤九段

2017 年 12 月 18—20 日，一年一度的中央经济工作会议在京召开。这是每年规格最高的经济工作会议，任务自然是研判当前的经济形势，布局 2018 年的经济工作。不过，2017 年的经济工作会议在时间点上尤为特殊。

这是党的十九大之后的第一次中央经济工作会议。我们知道，十九大的意义已经超越了 5 年，成为新时代的重要节点。会上作出的一系列重大判断和提法会管今后相当长一段时间。所以，这次中央经济工作会议同样延续十九大的精神，不仅为 2018 年做工作部署，还在更长远的时间维度上为经济工作定调。

指 导 思 想

这次会议的一个最重要成果，就是提出了"习近平新时代中国特色社会主义经济思想"。

逻辑跟党的十九大报告提出"习近平新时代中国特色社会主义思想"一样，也是建立在对过去极不平凡 5 年的总结上。新华社的新闻稿总结了 6 个方面：经济实力再上新台阶，经济结构出现重大变革，经济体制改革持续推进，对外开放深入发展，人民获得感、幸福感明显增强，生态环境状况明显好转。因为这 6 方面的成功实践，总结出了"习近平新时代中国特色社会主义经济思想"。

这个新总结出的思想是党在经济领域的指导思想，还是中国特色社会主义政治经济学的最新成果。通稿月了"七个坚持"来阐释其内涵，其中尤为值得注意的是第一个"坚持"：坚持加强党对经济工作的集中统一领导，这是"党管经济"的第一原则。

重 大 判 断

这次会议还有一个重大判断：我国经济发展进入了新时代。新时代的经济增长有自己的鲜明特征，就是由高速增长阶段转向高质量发展阶段。

"高质量发展"的新表述，是这次会议的另一关键词。联系到十九大报告关于主要矛盾的表述，当前我国社会的主要矛盾已经转化为人民日益增长的美好生活需要和不平衡不充分的发展之间的矛盾。很容易看出，这个"高质量发展"就是针对当前不充分不平衡的发展而言的。

在长江养老保险首席经济学家、中国保险行业协会首席金融市场专家俞平康看来，所谓不平衡不充分，其最终落脚点还是不平衡。

联系 1956 年党的八大对主要矛盾的论述，"人民对于建立先进的工业国的要求同落后的农业国的现实之间的矛盾，已经是人民对于经济文化迅速发展的需要同当前经济文化不能满足人民需要的状况之间的矛盾"，和 1981 年党的十一届六中全会的论述"人民日益增长的物质文化需要同落后的社会生产之间的矛盾"，可以看出，此前矛盾是侧重在"不充分"上的，即社会生产和物资水平跟不上需求，而 2017 年的十九大提出了新的矛盾，其落脚点侧重在"不平衡"上。

不平衡有哪些？产业发展不平衡，区域发展不平衡，都是全面建成小康社会进程中，亟待解决的问题。

怎么解决？

打响防范化解重大风险、精准脱贫、污染防治的三大攻坚战。

三大攻坚战

这次会议最吸引公众视线的看点之一，就是三大攻坚战。而这三大攻坚战无一不脱胎于对不平衡不充分发展的现状的判断，又在此基础上孕育出八项重点工作内容：深化供给侧结构性改革，激发各类市场主体活力，实施乡村振兴战略，实施区域协调发展战略，推动形成全面开放新格局，提高保障和改善民生水平，加快建立多主体供应、多渠道保障、租购并举的住房制度，加快推进生态文明建设。

一一来看。

何为产业发展不平衡？具体到中国当下国情，主要有两点：其一，就是金融发展过快，没有反哺实体经济，反倒是拥堵在市场中，形成了巨大的金融风险。因此，这次会议才会明确提出防范化解重大风险，并且重点是防控金融风险。同理，振兴实体经济也要同步进行，因此这次会议提出了要大力降低实体经济成本，降低制度性交易成本，继续清理涉企收费……降低用能、物流成本。

其二，产业结构不合理。高耗能高污染企业结构体量过大，高科技企业体量和发展速度远远没有跟上，因此要坚定不移打响污染防治攻坚战，推进生态文明建设，打响"蓝天保卫战"。从这一点来看，大家普遍关心的"煤改气""煤改电"，还将是大趋势。毕竟，会议明确提出了要"淘汰落后产能，调整能源结构，加大节能力度和考核，调整运输结构"。只不过，在这个转型的过程中，要更注重民生，把握好改革的节奏。

何为区域发展不平衡？首先是城乡发展不平衡，农村居民收入过低，因此要实施乡村振兴战略；中、东、西部发展不平衡，公共服务不均等，因此要实施区域协调发展战略，科学规划"一带一路"、粤港澳大湾区建设等；因此要着力解决民生问题，解决好性别歧视、身份歧视问题，婴幼儿照护和儿童早期教育服务问题；加快建立多主体供应、多渠道保障、租购并举的住房制度。

"去杠杆"要放松？

当然，除了以上说的内容，这次会议还涉及一些大家非常关注的问题。

比如"保持货币信贷和社会融资规模合理增长"这一点。包括《华尔街日报》等外媒在内的不少人将此解读为，中国将放松"去杠杆"的信号。更有甚者，还抛出了房价将迎来一波高涨的论调。这一论断到底对不对呢？

答案很明确，NO。

的确，目前不少从业者都抱怨增量业务难做，似乎去杠杆已经取得一定成效，该收收了。但其实，从实际的经济形势来看，这里指的只是增量杠杆，真正该去的存量杠杆（包括银行与实体经济之间，银行间，银行与个人的信贷杠杆）等才是重点，而在这一方面，我们依旧任重道远。

历史地看，中国真正着手去杠杆，是从 2015 年大力推行供给侧结构性改革开始的，距今还不到三年时间。而对比欧美等发达的市场经济国家，其去杠杆时间也至少要 6 年。拿美国来说，即便其有美联储这一中央银行做辅助调控，在金融和实体经济领域去杠杆都十分充分的情况下，也需要约 6 年时间，因此对于中国来说，去杠杆这一任务还远没到可以松懈的时候。

财政、货币政策

那么为什么在对财政政策的表述中，似乎出现了放松信贷的迹象呢？

这得联系到会议对货币政策的定调。这次提出"稳健的货币政策要保持中性"，在俞平康看来，其实所谓的中性是"可紧""可松"的，但这次应当理解为"中性偏紧"。

俞平康分析，从国内来看，我国的货币政策已经经历了较长的宽松。而从外部环境来看，这一判断则更是对国际货币流行性收紧的一个正常反应。众所周知，美国加息的步伐已经不可逆转，在中美两国货币联动较大、财政联动较小的情况下，为了减轻人民币的压力，中国的货币政策也不会有太大的宽松空间。

但问题是，货币一紧，市场活力就必然受到影响，尤其是在目前经济下行压力非常大的情况，怎样激发市场活力呢？财政政策可以适当放松。于是我们看到，在对财政政策表述中，出现了"积极的财政政策取向不变，调整优化财政支出结构，确保对重点领域和项目的支持力度"这样的表述。

当然，如果我们抽离出来看，会发现，所有这些政策其实都可以被汇集到"供给侧结构性改革"中来，都是为了解决结构性不合理而推出的。

【解局】他们跟中国最精明的一群人斗了一整年

2018/1/22

雪山小狐

又是一年过去了，又是一年来到了。过去的 2017 年里，中国证监会作为中国资本市场最有存在感的监管机构之一，过得并不轻松。

其一，证监会的对手们的的确确不可小觑。长期以来，证监会最重要的任务之一，就是同中国最精明的一批人斗智斗勇。前有高中没毕业，却能与 13 家上市公司高管合谋，用 400 亿资金操纵股市，获利几十亿元的私募一哥——徐翔；后有只有大专学历，却能操纵上市公司炮制"1001 项奇葩议案"，非法披露消息，操纵公司股价的神秘人物——鲜言。更别提无数有着名校金融学背景，却只想着投机的投资人、交易员了。

其二，被骂被嘲，是证监会最基本的生存状态。有人靠着几张 PPT 在资本市场圈了钱然后跑到美国宣称要造车，证监会要被嘲；有人从演艺圈跨界到投资界"空手套白狼"，企图用 6000 万撬动 51 倍杠杆收购影视公司，证监会要被"怼"；两市涨停之上，要骂证监会；跌停之下，也要骂证监会。证监会主席这个位置，更是个"高危"职业，动不动就被"挂"上网……毕竟，对于广大投资者来说，还有什么事能比骂证监会更能宣泄情绪呢？

话说回来，众口难调。中国人口基数大，近 2 亿股民，证监会要想不招人嫌弃，也是不容易的。正如证监会主席刘士余的说法："忠言逆耳利于行……证监会党委和我本人会因为某件事掉几根羽毛，但与保护投资者这一天大的事比，掉几根羽毛算什么呢，只要把投资者合法权益保护好，掉的几根羽毛还会长出来。"

客观来说，2017年一整年，证监会的确是铆足了劲儿，与各"资本大鳄""野蛮人""妖精"旷日鏖战，打了一场精彩的战役。前两天，证监会在官网上公布的2017年证监稽查20起典型违法案例就是典型代表。而这其中的故事，情节之奇葩、主人公之腹黑、运作手法之复杂，哪怕是世界上脑洞最大的作家，也未必能写得出来。

不信？我们根据这20起案例做了梳理，一起来看看呗。

"1001项奇葩议案"

看到小标题，你一定很想知道那1001项议案到底有多奇葩吧？但是在这之前，我们得先来谈谈这段故事的"大男主"——鲜言。

用业内人士的话来说，此人"神秘莫测"，网上信息寥寥，可信度也不高。比如，根据其执掌的公司多伦股份的简介，他于2011年7月出任精九资产管理有限公司董事，但是根据公开资料显示，该公司于2011年11月15日才成立。这就是说，鲜言在公司还未成立的时候就已任职了？比较靠谱的说法是，鲜言曾经是北京一家律所的律师，但是"不知道为什么，突然成为一家上市公司董事长"。

多伦股份这家公司同样不简单，有过11次更名的历史：福建豪盛→ST豪盛→福建豪盛→利嘉股份→G利嘉→G多伦→多伦股份→匹凸匹→ST匹凸→*ST匹凸→岩石股份。

Anyway，这都不是重点，重点是鲜言的另一家公司慧球科技在2017年年初，曾流出一份1001项临时股东大会的奇葩议案。有多奇葩呢？应该说，除了跟股东大会职权范围无关，跟其他都可能有关。

比如："关于坚持钓鱼岛主权属于中华人民共和国的议案""关于公司建立健全员工恋爱审批制度""关于调整双休日至礼拜一礼拜二的议案""关于第一大股东每年捐赠上市公司不少于 100 亿元现金的议案""关于大股东对中小股东以 10000 元每股进行全额回购议案"等。

这样公然挑衅上交所和证监会的行为自然不会被轻饶。经过一系列查证，鲜言最终被证监会开出 34.69 亿元罚单，并采取证券市场终身禁入措施。由于证监会 2016 年全年的罚款金额才只有 42.8 亿，这一处罚也被媒体总结为"一个人承包了证监会一年的罚单"。

频繁遭"变脸"的业绩

相较于鲜言这样公然挑衅，有些公司及其实际控制人则显得"聪明"许多。但是，最终的结果常常是聪明反被聪明误。

众所周知，对于上市公司来说，业绩就是命根子。一般业绩预期好，股票上涨；业绩预期差，各个股东闻风而动、撤资减持也十分常见。那么，如果一家公司的大股东已经明确知道这家公司业绩会有大幅度下滑，自己手里握有的股票将面临暴跌，他会怎么办？

一家叫做山东墨龙的公司干了这么件事儿。2016 年 10 月发布公告时，称第三季度盈利 800 万余元并预计全年盈利。但是到了 2017 年 2 月，却突然修正公告称，预计 2016 年全年亏损 4.8 亿至 6.3 亿元。短短 2 个月，业绩就相差了 6 亿元人民币。这背后玄机何在？

其实，就在业绩"变脸"之间，公司实际控制人、董事长张恩荣及其子总经理张云山以大宗交易的方式抛售了 3824 万元。哦，原来是为自己套现创造条件啊……这波"翻手为云覆手为雨"的资本运作手段，你 get 到了吗？

不过，从现实情况来看，业绩并非影响股价的唯一因素。有时候，相较于实打实拼出来的业绩，一些所谓的"利好消息"对于投机者而言，可能更重要。毕竟，消息总有真有假，而这真真假假之间，可做文章的地方就多了去了。

一家叫做宝利国际的公司，就曾在 2015 年 1 月至 8 月连续对外发布了 5 项对外投资公告，营造出公司捷报频传的氛围。只是这发公告的时候恨不得昭告天下，等到所有投资确定告吹了，他们却一个字都没跟投资人披露。问题是，没有投资哪来回报？没有回报哪来分红？没有分红投资人会察觉不到？最终怎样，你们懂的！

如此把投资人当傻子，把监管机构当透明，最终自然不会有好果子吃。根据证监会的文件，2017 年共处理这类案件 64 件，无一不给予了重罚。

内幕"加持"的交易

还有一种人，看起来吧，斯斯文文、眉清目秀的，职位不高，行事也很温和，你要去他账户查，很难查出大问题。但是，就是这种人，往往能利用身边的人作掩护，干出一些特别出格的大事儿。《人民的名义》中"小官巨贪"的赵德汉如是，现实生活中的冯小树、李一男、张健业亦如是。

被证监会顶格处以 2.51 亿罚款，并采取终身市场禁入措施的冯小树就是代表人物。冯小树，官不大，前深交所工作人员，股票发审委兼职委员，但他却利用职务之便，突击埋伏拟上市公司，以岳母、配偶之妹的名义违法持有、买卖多家公司的股票，获利金额达 2.48 亿元。

如出一辙的，还有华为原副总裁、时任北京牛电科技有限责任公司董事长李一男，从"华中数控"总裁处得知将有重大资产重组的内幕消息，随即用他们账户大量买入"华中数控"股票，并暗示其妹妹同期买入部分；时任太平洋资管公司权益投资部经理李雪，利用职务便利获取的股票交易等未公开信息，与其管理的保险投资组合账户趋同交易，涉及 73 只股票，累计成交金额 7.66 亿余元，非法获利 428 万余元。

最终，李一男被判有期徒刑两年六个月，没收所得并处罚金 700 余万元，李雪则被处以有期徒刑五年六个月，并处以 500 万元罚金。

"除了上面说的这些，每年老鼠仓、私募基金领域违约、'短线坐庄'的奇葩案件都有不少"，用业内人士的话来说，"这些年的案件简直可以出一本资本市场的《一千零一夜》了"。以稽查部门为例，2017 年一年，单是受理各类违法违规有效线索就有 625 件，全年新增重大案件 90 起，同比增长一倍。

A 股市场起步晚，相较于美股、欧股还不那么成熟，加之一直是以散户为主的投资结构，出现这类事件也是有原因的。可以预见的是，在接下来的 A 股市场，这类案件还会持续出现。对于证监会来说，要想"保护好投资者权益……长出新的羽毛"，恐怕还要打不少艰苦的战役。

那怎么办？

打呗，"妖精"不抓住，资本市场怎么能风清气正。

【解局】组建退役军人事务部，早该有了

千里岩

2018 年 3 月 12 日，习近平在解放军和武警代表团发表讲话，提到"绝不让英雄流血又流泪""让军人成为社会最尊崇的职业"。隔天，政府机构改革方案出炉，其中"退役军人事务部"让人眼前一亮——这是一个全新组建的部门。

前两天我们写了自然资源部，后台有许多岛友让聊聊最近新组建的一系列部门，其中呼声最高的就算是退役军人事务部了。

职 责

对一般民众来说，"退役军人事务部"可能名字算不上熟悉。但对广大军迷来说，早习惯了国外类似的机构。

比如美国。早在 1989 年，美国就成立了"美国退伍军人事务部"（United States Department of Veterans Affairs，VA），为美国退伍军人及家属提供伤残赔偿金、养老金、教育、住房贷款、人寿保险、职业康复、遗属福利、医疗福利和安葬等权益及服务。

又如俄罗斯，也在苏联解体之后不久，成立了联邦军人社会问题委员会，负责对退役军人事务管理工作进行政府协调。该委员会主席通常为一名副总理，成员则包括政府办公厅主任、国防部副部长等

高官。

借鉴国际经验，同时，根据本国需要具体考量，那么，新组建的退役军人事务部管什么？国务委员王勇在向全国人大做说明时这样说——

"退役军人事务部的主要职责包括：拟订退役军人思想政治、管理保障等工作政策法规并组织实施，褒扬彰显退役军人为党、国家和人民牺牲奉献的精神风范和价值导向，负责军队转业干部、复员干部、退休干部、退役士兵的移交安置工作和自主择业退役军人服务管理、待遇保障工作，组织开展退役军人教育培训、优待抚恤等，指导全国拥军优属工作，负责烈士及退役军人荣誉奖励、军人公墓维护以及纪念活动等。"

其实，虽然"退役军人事务部"是新近设立，但对于退伍军人如何重返社会、融入社会，中国历来都是高度重视的。

早在新中国成立时，具有宪法性质的《共同纲领》就规定，"革命烈士和革命军人家属，其生活困难者应受国家和社会优待，参加革命战争的伤残军人和退伍军人，应由人民政府给予安置，使其谋生立业"。此后几十年间，我国又陆续颁布实施《革命烈士家属革命军人家属优待条例》《革命残废军人优待抚恤暂行条例》《革命烈士褒扬条例》等法规，从制度层面，为退伍军人及家属在医疗、供养、保健、交通、住房、教育、文化、社会公益等方面提供制度保障。

时　　代

当然，几十年过去，中国已经发生了天翻地覆的变化，现在的社会情况和彼时制定法规制度的社会基础，已经存在很大不同，机构改革便势在必行。

打个比方，过去安置退伍军人，根据军官和士兵的身份不同，相关职能分散在民政、人社部门。即便是在部队内部，也根据具体衔接任务的差异，相关职能分散在政工和后勤部门。这样一个横向跨越数个机构、纵向跨越军地两方的架构，其协调机制之复杂可想而知。

更重要的是，当涉及具体安置工作的时候，大量的转业安置退役军官，必然会挤占地方政府和其他机关的编制，而市场化的企业在接受指令性安置的退役士兵时候也经常叫苦不迭。

部门之间不可避免的扯皮、政策性文件前后衔接不一致，甚至部分腐败分子利用机会刻意暗箱操作、谋取私利等，使得许多退伍军人对于安置现状常有一定不满。这种不满若经年累积而得不到解决，不仅不利于在社会上形成尊崇军人、尊崇英模的风气，也很容易引发社会不稳定。这是很现实的挑战。

另外，过去我国对于退伍军人的组织管理、思想交流、荣誉表彰等问题的重视也需要加强。突然离开封闭的军队走向社会，大量退伍军人一时间很难适应。从家庭定居到职业技能，甚至到生活琐事，经常会遇到比较严重的困难。

讲个小"笑话"。岛叔有个战友，因为常年在基层部队，极少有机会陪夫人逛街。转业后夫妻俩第一次一起去商场买衣服，营业员问起他的尺码时，该战友张口就答："五号三型"（87式军装只有几个固定的版型）。营业员听得一头雾水，几乎有"山中数日、世上千年"之感。

笑话虽小，但是足以折射退伍军人重新适应社会之难。

其实，退伍军人安置难，不仅影响退伍军人群体，也会给现役军官们带来种种困扰。要知道，在当今之世，军事斗争更加激烈，其胜负结果，对于每个国民都会有直接而且严重的影响。中华民族要想实现复兴梦想，就必须有一支强大的现代化军队作为保障。强大的军队，不可能只依靠堆砌先进武器装备，更关键的是组成这支军队的人，是否职业化、知识化和有创造力。

虽然接受过奉献精神教育，但是军人也是人，不是机器，同样有家庭，也需要生活。如果让他们总是面对种种生活的困扰，那么不管是思想教育还是荣誉激励的作用，都不可避免地会在现实困难面前遭到削弱。

所谓"铁打的营盘流水的兵"，军事斗争的特殊性，决定了大多数军人迟早要离开部队，走向社会开始新的生活。如果军人在部队时，都要担心自己的未来，那么年轻的、知识文化结构较好的军官，瞄准机会早早离队的可能性就会大大上升。

不能让第一流的人才安心留在部队，这种"倒淘汰"的危害，短期也许不明显，但长此以往，最后必然动摇军队战斗力的根本。

借　鉴

他山之石，可以攻玉。有军迷说，此次我们的改革体现出"我兔其实也是美粉"，但其实，今天的美国作为市场经济最成熟的国家，其退伍军人安置措施，也明显遵循了社会背景和现实需要，是历经许多经验教训总结而来，具有相当的合理性，值得中国借鉴。

比如，从一战到 1973 年间，美国也曾经实行过义务兵役制度，其退伍军人的安置方式也历经多次变化，中间不是没有出过重大问题。早在"一战"结束后，大量的退伍老兵重返社会时候就发现自己原先的工作岗位已经被挤占，而许诺的服役补偿金又迟迟无法到位。结果，他们组成的"补偿金远征军"占领了首都华盛顿 2 个月之久。最后，麦克阿瑟、艾森豪威尔和巴顿等人，指挥着骑兵和坦克部队将其驱散。

1989 年，美国成立了退役军人事务部，目前是仅次于国防部的内阁第二大部。它主要担负七大任务：

1. 发放残疾抚恤金、死亡抚恤金、退休金和参战补助金；

2. 资助退役士兵大学教育；

3. 为退役军人提高医疗服务，开展医疗科学研究；

4. 提供退役军人住房贷款担保；

5. 为退役军人提供就业帮助；

6. 管理退役军人人寿保险项目，监督退役军人和退役军人集体人寿保险项目；

7. 管理国家公墓。

同时，美国根据市场经济的特点，为退伍军人设立了诸多的福利待遇，通过了《国防法》《退役军人就业和再就业权利法》《现役军人与退役军人人寿保险条例》《伤残军人赔付条例》等法律法规，对退役军人作出了一系列具体、可操作的保障规定。

比如，美国政府对退役军人一律不负责安排工作，但提供较高的福利待遇和就业、培训、咨询等服务。《退役军人就业和再就业权利法》明确规定，退役军人在政府部门工作有优先权；在职业竞争考试中，退役军人加 10 分；残疾程度超过 30% 的，只要达到基本工作要求，可以免试；政府雇用各类辅助岗位人员时，首先从退役军人中招聘。

我们都知道，美国是完全的市场经济，政府对于企业事务没有直接干预权，但相关其法案也明确规定，企业招聘人员时候，退伍军人应是优先对象。只有当招收数量未满员额时，才考虑其他人员。在退伍军人职业技能培训上，美国官方除了提供高额助学金，还规定退役军人最多可享受 18 个月的职业技能培训。

我们知道，美国政坛势力强大的保守主义一直崇尚"小政府"和"个人奋斗精神"，因此在社会福利方面不仅是世界上发达国家中的末流，甚至比不上一些经济状况较好的发展中国家。但在退役军人的医疗福利方面，却丝毫不吝啬。根据现行法律，退役军人及其家属可继续享受军队的"军人健康和医疗"待遇。在特定机构看病时，免交门诊医疗费；住院治疗，退役军人全部免费，家属部分减免费用。

事实上，美国社会军人之所以地位较高，显然是跟其军人素质分不开的，而军人队伍高素质的保持，则离不开让军人具有退役安全感的一系列法案。有了这个基础，美军才敢放胆在1973年改为志愿兵役制，打造一支职业化和知识化的军队，以维持军官和士官队伍人才优化结构。

对我们来说，显而易见，未来中国的经济发展路线仍然不会脱离改革开放以来确定的方向，只会全面深化改革；在经济市场化日益成熟的社会中，如果继续采取计划经济时期的思路对待退伍军人安置问题，显然无法适应社会形势。因此，必须有全新的部门来专门负责这一事务。

从负责人的选择看，该部门的首任部长是孙绍骋，他曾在民政部优抚安置局局长的任上待了八年，也曾是全国双拥工作领导小组副组长、国防动员会委员、民政部副部长，可以说对退伍军人的安置优抚工作并不陌生。

从这个角度来说，无论是习近平提出的"绝不让英雄流血又流泪"，还是此次明确建立"退役军人事务部"，都可谓恰逢其时。

【解局】中国扩大开放新举措是"迫于贸易战压力"？笑话

2018/4/10

梅新育

在 2018 年博鳌亚洲论坛开幕演讲中，习近平宣布了一系列扩大对外开放举措，全球瞩目。具体的内容岛上早上已经推送过。毫无疑问，这些措施将对中国经济社会发展产生长期正面影响，全球市场对此反应也颇为积极。

但今天，有声音说，中国主动扩大开放、降低关税、放宽准入等措施，是在美国对华贸易战压力下"认怂"，是"被迫"。

这显然说不过去。其实，只要审视这几年来中国历次党代会、"两会"报告和一系列新制定的政策措施、文件就会知道，这些扩大对外开放措施是中国从自身利益出发自主酝酿、推进已久的，与外部强加的"贸易战压力"无关。

安　排

我们可以先看时间。

本次中美贸易战打响，始于美国东部时间 2018 年 3 月 22 日中午、北京时间 23 日凌晨，特朗普按照事前宣布的日程签署了一份针对中国"经济侵略"的总统备忘录，宣布将就中国在钢铁、铝贸易和知识产权方面的行为向 500 亿美元的中国对美出口商品征收"惩罚性关税"，同时限制中国对美直接投资。

而在此之前半个多月，2018 年 3 月 5 日，《政府工作报告》第三章就明确列出，"推动形成全面开放新格局。进一步拓展开放范围和层次，完善开放结构布局和体制机制，以高水平开放推动高质量发展"。其中，除推进"一带一路"国际合作外，属于扩大开放的内容包括——

"加强与国际通行经贸规则对接，建设国际一流营商环境。全面放开一般制造业，扩大电信、医疗、教育、养老、新能源汽车等领域开放……放开外资保险经纪公司经营范围限制，放宽或取消银行、证券、基金管理、期货、金融资产管理公司等外资股比限制……全面复制推广自贸区经验，探索建设自由贸易港"。

"积极扩大进口，办好首届中国国际进口博览会，下调汽车、部分日用消费品等进口关税……以更大力度的市场开放，促进产业升级和贸易平衡发展，为消费者提供更多选择"。

可以看到，习近平总书记今天在论坛上讲的几点，事实上在政府工作报告中基本都已经有所体现，说明是中央层面早已确定并且已经排上日程。

如果把时间和目光再放远一点，我们可以看看十八大以来的几次重要会议。

2013 年十八届三中全会的《决定》，第七章专门讲"构建开放型经济新体制"，明确表示："必须推动对内对外开放相互促进、引进来和走出去更好结合……以开放促改革"。

注意，是"以开放促改革"。本着这一原则，《决定》提出了一系列扩大对外开放的主张，包括"放宽投资准入""推进服务业领域外资准入限制""进一步放开一般制造业""加快自由贸易区建设""扩大内陆沿边开放"等。

2017 年的十九大报告，对外开放的字眼也多次出现。比如，"主动参与和推动经济全球化进程，发展更高层次的开放型经济"，是"新时代中国特色社会主义思想和基本方略"的一部分；"开放带来进步，封闭必然落后。中国开放的大门不会关闭，只会越开越大"这类习近平在多个场合多次提到的字句，也出现在"推动形成全面开放新格局"等多个章节。

限于篇幅，岛叔在这里只是缩略提到。有兴趣的岛友，以及带着偏见和用心的域内外人士，可以好好地再去细读一遍上述党和国家重要文献。对了，就保护产权这件事，2017 年 9 月发布的保护企业家精神的中央文件就已提到，中国这几年改革过程中的知识产权法院、新成立的知识产权局等，也早已彰显这一精神。

所以，轻信"博鳌宣布的扩大对外开放举措是美国对华贸易战压力"这样论调的人，应该增加一些对中国决策体制的常识。

再讲件事。在这种杂音之外，竟还有言论称，中国实行双休日制度，也是美国人在入世谈判中逼迫中方接受的。岛叔科普＋澄清一下：五天工作制研究，是原国家科委中国科技促进发展研究中心 1986 年开始、1987 年底课题完成的，得出的结论是，"我国具有缩短工时推行五天工作制的条件"，建议国家立即制定有关方案逐步推行。

之后，经过小范围试行、探讨立法、数年试验，1994 年 3 月，全国试行"隔一周五天工作制"；1995 年 3 月，国务院令决定自 1995 年 5 月 1 日起，实行五天工作制。同年 7 月，《劳动法》正式出台，这一制度写入法律。这一切，跟美国人没有丝毫关系，而且是在克服外资企业强烈反对后才得以实施的。

认真研究是个好习惯，虽然"精神跪族"经常做不到这一点。

内　因

中国为什么要扩大对外开放？这当然不是什么贸易战的压力所致，而是中国改革和发展的内在逻辑、内生需要。

中国需要全球化。历史上，很大程度上，正是因为与国际市场隔离，清朝时的中国经济方才丧失了连续至少两千余年的世界领先地位；为了重新以平等、独立自主地位进入世界市场，我们的先辈经历了浴血奋战、为突破东西方阵营全面贸易封锁，进行了不屈不挠的努力；也正是依托全球市场，中国方才得以创造数十年来的"中国奇迹"。

社会主义经济本质上就必然要求是一种开放经济。特别是对于资源禀赋谈不上充裕的中国而言，倘若不能充分利用外部市场和资源，中国的众多人口就是负担；如果能够充分利用外部市场和资源，中国的众多人口就是巨大财富和力量之源。在"人口老龄化冲击"已成热门话题之际，我们更需明白，倘若没有开放经济的长足发展，我们恐怕根本就没有可能去议论计划生育造成的劳动力缺口问题，而是还在焦头烂额应对就业机会不足。

十余年来，国内外主流声音一直要求中国改变过度依赖外需的经济增长模式。次贷危机和近年的"反全球化"浪潮，进一步凸显了这种转变的紧迫性。但我们推行的这种转变不应误入歧途，不能把"更多地依靠国内市场"混同于"高度依赖国内资源"，"价值形态的低外部依存度＋物质形态的高外部依存度"，才是我们应当追求的目标。

事实上，中国积极主动扩大对外开放，可以说正当其时。中国开放经济发展，也由此第一阶段的"以平等身份进入国际市场"、第二阶段的"以国际市场求发展"，进入第三阶段的"引领全球化市场"。

为什么习近平会在博鳌上强调进一步大幅度开放国内市场？

这首先是因为我们在前两个阶段已经极为出色地完成了工业化"赶超"任务，绝大多数产业部门，已经不是昔日需要一定保护的幼稚产业，而是已经成熟；不需要继续高度保护，而是需要引入新的更多竞争压力，以求保持其活力。

就拿这次习近平谈到的降低汽车进口关税来说吧。

1989 年，岛叔从当时中国汽车工业总公司唯一直属高校武汉工学院（今武汉理工大学）毕业。当时，中国汽车年产量不过 58.35 万辆；2017 年，中国汽车产量已达 2902 万辆，销售 2888 万辆，远远超过汽车问世以来便连续把持汽车产量、销量世界冠军百年之久的美国（2017 年销售 1720 万辆）。

在此情况下，对汽车产业继续保持以前的保护程度实无必要，反而有可能导致形成不思进取的利益集团，重蹈明清漕帮垄断南北漕运、沦为国民经济和国家财政"吸血鬼"的覆辙。

见微知著。进一步大幅度开放国内市场，也是因为我们需要扩大利用廉价、高品位的国外原料、能源，以保持国内制造业和其他产业的成本竞争力。

作为一个资源禀赋并不充裕的国家，中国工业化成就的副作用之一，就是国内原料、能源日益丧失成本竞争力，再与国内劳动力、土地等要素成本上升趋势结合，对我国制造业和其他下游产业成本竞争力的打击日益凸显。中国国民经济基础是下游制造业，而不是上游资源产业。要保持下游现代制造业成本竞争力，我们就需要尽可能消除上游原料、能源投入成本高出国际市场的部分。

进一步大幅度开放国内市场，更是我们引领全球市场的需要。

进口能力便是权力。如果没有进入中国大市场的利益，别国有何动机与中国规则接轨？如果没有可能丧失中国大市场的风险威慑，外国跨国公司为什么要接受中国的裁决？

当我们为欧洲、日本等外国跨国公司服服帖帖地接受美国司法惩处，缴纳数以亿计天价罚款而震撼时，要明白，美国对这些外国跨国公司行使强制权力的基础，在于这些公司承受不起被美国市场"开除"的代价。对中国，同理。

贸 易 战

扩大对外开放与应对贸易战并行不悖。

中国积极主动扩大对外开放，愿意与贸易伙伴分享发展繁荣机会，不是对贸易伙伴没有任何要求。习主席今天的演讲就提出——

"我们鼓励中外企业开展正常技术交流合作，保护在华外资企业合法知识产权。同时，我们希望外国政府加强对中国知识产权的保护"。

"我们希望发达国家对正常合理的高技术产品贸易停止人为设限，放宽对华高技术产品出口管制"。

就当前这场中美贸易战而言，岛叔此前的文章也说过，与中国爆发贸易冲突，将导致美国企业将在华市场份额拱手让人。2015 年，美国企业在华销售收入高达 5170 亿美元。如果特朗普执意在错误的道路上越走越远，这些美方的巨额利益都将可以成为中方反制的武器，而其他各国企业将很乐于拿走这块巨大的蛋糕。

同时，与中国爆发贸易冲突，还将导致美国企业无法享受中国进一步扩大开放的举措，无论是降关税，还是放宽外资准入。无论此次中美贸易战结果如何，都不会动摇中国决策层进一步大幅度扩大对外开放的决心意志。但是，倘若美国决策者一意孤行，非要把中美经贸关系推向全面摩擦的境地，那么，美国汽车等产品生产商、美国大豆等产品生产者，就只能坐视上述中国市场机会落入别国同行之手。

坐在美国总统的位子上，特朗普当然希望解决财政、贸易"孪生赤字"痼疾，改善宏观经济失衡，这可以理解。但是，我们绝不可能接受违反 WTO 规则，以美国国内法采取单边行动；绝对不可能接受违反客观经济规律、削减贸易逆差指令性计划；绝对不可能接受、成全外国政治家拿中国为了自身需求而自主采取的扩大开放措施，当作自己发动贸易战施压的"战绩"而收割国内政治果实——比如，把中国上述一以贯之的扩大开放、主动作为，说成是在自己的"压力"下达致的。

换言之，有没有特朗普，中国对外开放的进程都不会停滞，这是我们发展和进步的内生需求，中国也愿意向世界各国企业更大程度地打开大门。但是，要不要先把自己罚出场外，就看山姆大叔自己的选择了。

岛叔也相信，世界各国将见证中国维权的意志与能力。

【解局】超出外界预期，中国最新金融开放计划来了

2018/4/12

大卫翁

———————————

　　刘鹤副总理在冬季达沃斯论坛上宣布的"超预期"改革开放措施，终于揭开面纱一角。

　　继习近平主席在博鳌论坛开幕式上一锤定音，宣布要"大幅度放宽金融市场准入"后，2018年4月11日，央行行长易纲也迅速将细化之后的十二大措施以及"两步走"的路线图，公之于世。

　　的确，力度很大。比如，易纲说，在"几个月内"就将实施的改革措施包括：

　　1.取消银行和金融资产管理公司的外资持股比例限制，内外资一视同仁；允许外国银行在我国境内同时设立分行和子行。

　　2.将证券公司、基金管理公司、期货公司、人身险公司的外资持股比例上限放宽至51%，三年后不再设限。

　　3.不再要求合资证券公司境内股东至少有一家是证券公司。

　　4.为进一步完善内地与香港两地股票市场互联互通机制，从5月1日起把互联互通每日额度扩大四倍。

　　5.允许符合条件的外国投资者来华经营保险代理业务和保险公估业务。

6.放开外资保险经纪公司经营范围，与中资机构一致。

而在年底之前，还有包括"鼓励在信托、金融租赁、汽车金融、货币经纪、消费金融等银行业金融领域引入外资""大幅度扩大外资银行业务范围"等措施将落地，"沪伦通"也争取在 2018 年开通。

这些"超预期"的金融开放政策意味着什么？对中国的从业者、投资者乃至普通中国人来说，又有何种影响？

对这些问题，我们可以从两方面来看。第一，为什么要扩大金融市场的开放程度？第二，为什么是现在？

开　　放

要回答开放的原因，可以从博鳌亚洲论坛研究院刚发布的《亚洲经济一体化进程 2018 年度报告》中寻找答案。这份报告的开篇便提纲挈领地说，当下的亚洲金融市场，存在着"脆弱的复苏与持续的不确定性"。

为什么这么说？

如果观察过去几年全球金融市场的资本流动就会发现，资金在不断流入发达经济体。以 2016 年为例，该年度美国和欧盟的证券市场一共吸收了 5.63 万亿美元的资金，占据全球总流入资金的 96%。

而就在剩余区区的 4% 中，流入中国金融市场的资金仅有 679.59 亿美元，仅占整个大盘子的 1.16%，远小于日韩等其他亚洲主要经济体。

与此同时，中国的对外投资出现暴涨。注意，这里的对外投资，可不仅仅指出去"买买买"的直接投资，也包括证券市场的资产组合投资。数据显示，2016 年，中国对外资产组合投资达到 788.3 亿美元——一进一出后，资本呈现净流出局面。

为什么会这样？这篇报告提出了两个原因：一是亚洲经济体的金

融市场不发达，开放程度不够，过剩储蓄无法在当地得到有效调动；二是因为内外部环境的不稳定，亚洲各经济体的企业和个人，把西方金融市场作为规避风险的安全岛。

如此不均衡的资本流动模式，无疑将使亚洲各个经济体面临资本外逃的高风险和更高的融资成本，这也会给金融体系的稳定增加新的风险。

既然现在中国央行已把"防范系统性金融风险"列为最重要的任务之一，那么"稳步"和"渐进"地扩大金融市场开放，不但不会增加市场风险，反而可以让更多的资金关注中国流入中国，起到平衡的作用。

因此，易行长在解释为什么要采取开放金融市场的举措时会强调，"当我们进一步推动金融业开放时，我们会考虑资本流动这个问题，我们希望资本流动平稳，其有利于全球配置资源……目前，中国投资者的全球资产配置比例偏低。随着中国开放度进一步扩大，中国百姓和机构可以更大程度地在全球配置资产。鉴于国内和国外投资者都有需求，跨境资本流动可以平稳高效"。

时　　机

坦白来说，了解中国加入 WTO 历史的朋友应该都明白，当年中国曾就金融业对外资的开放有过承诺。但为什么当年的步子不敢迈得太大呢？

首先，中国的金融机构当时还太弱小。1999 年末，中农工建四大国有银行不良贷款总额将近 3.2 万亿，仅次于经济停滞不前的日本，居亚洲第二位。就算成立了四大不良资产管理公司剥离坏账后，到 2003 年四大行的不良率仍然高达 20% 以上，标准普尔在那一年题为《中国银行观察》的报告中干脆就宣布，巨额坏账已经引致四大行"技术性破产"。

四大行尚且如此，其他金融行业实体就更不用提了。中信证券到2003年上市时，市值才100多亿人民币，是当时高盛等国际投行市值规模的十分之一；保险业的差距也差不多是这个水平。至于金融租赁、消费信贷这些行业，对当初的中国来说几乎闻所未闻。

所以说，如果当年真的大幅开放外资准入，中国的金融市场结构，会和现在有天壤之别。

其次，中国过去十几年高效的经济增长和相对发达国家更为平缓的经济周期，与金融机构，尤其是银行业的平稳是密不可分的。

应该说，无论是配合政府向小微企业和三农领域放贷，还是配合政府维持资金市场稳定，要求大银行不能中断向小金融机构的拆借，中国的银行业都发挥了不可磨灭的作用。试想，如果银行业最重要的话语权不在政府手上，而是在外资，甚至只是在私企手上，结果会怎样？

那为什么现在又允许开放了呢？

时代变了嘛。"狼来了"的故事固然听起来很可怕，但小绵羊都已经长成魁梧的"super山羊"了，就算"狼"真来了，那也只能学会与羊乖乖地和平共处。

怎么个super法儿？

且不说工商银行是世界第一大行，平安保险是世界第一大保险公司（按市值计算），单从目前国际上有的金融行业形态看，中国也一个不落。甚至，对于那些国外不够发达的移动支付、消费信贷等业态，中国还开始对外输出了。

换言之，中国金融业的结构大局已定，就算外资巨头进来也几乎不可能撼动。

所以，易行长才会自信地说："对外开放之后，外资机构是否是强有力的竞争者，要看这些机构本身的公司金融、治理结构等情况。"

回头看，21 世纪初那轮金融机构引入外资，虽然引发了很多"让外资赚得盆满钵满"的争议，但客观上确实帮助中国的金融机构们夯实了基本的业务结构，完成了上市，可谓瑕不掩瑜、功德圆满。

好　　处

那么，此时放开外资限制又有什么好处呢？

三个字：控风险。

这几年，国内的金融机构在和监管机构"躲猫猫""拼手速"的过程中，体现出了极强的创新能力，但合规和风控能力却是明显的短板，所以才会发生诸如"萝卜章""飞单窝案"等一系列风险事件。而外资金融机构在跨越多个经济周期的发展过程中，已经拥有了相当成熟的合规和风控体系，正好可以帮助中国的金融机构补上这一课。

所以说，这一开放举措，与这段时间推出的"资管新规"和其他监管政策，一脉相承。

就像易行长在回答相关问题时所说的，"在几年之后，我相信中国市场会更具竞争力，金融业的服务能力会进一步提高，会在一个公平竞争的环境里更好地服务实体经济。我们的监管环境也会更好，金融安全程度也会加强"。

综合以上两点，此次"大幅度放宽金融市场准入"，既是确保跨境资本平稳流动的未雨绸缪，也是以改革促开放的一着妙棋。

对于普通百姓而言，一方面，如易行长所说，"随着中国开放度进一步扩大，中国百姓和机构可以更大程度地在全球配置资产"，这对于大家的资产保值增值而言是大大的利好；另一方面，我们也可以期待更多样化、国际化的金融服务，多些来自外资机构的竞争，总归不是坏事。

【解局】为什么中央选择了海南？

2018/4/14

雪山小狐

重磅好消息，终于在晚间传来。

习近平在庆祝海南建省办经济特区 30 周年大会上宣布，党中央决定支持海南全岛建设自由贸易试验区，支持海南逐步探索、稳步推进中国特色自由贸易港建设，分步骤、分阶段建立自由贸易港政策和制度体系。

2018 年是改革开放 40 周年，2018 年 4 月 14 日则是海南建省办特区 30 周年。10 周年的时候，时任国务院副总理李岚清代表中央出席庆祝大会并讲话；20 周年的时候，则是时任国务院副总理李克强。这次中央给海南的"大礼包"可谓划时代，习近平总书记亲自宣布，意义非凡。

开　　放

关于自贸试验区和自由贸易港，相信大家已经不陌生。

党的十九大报告中早有提及。2017 年 10 月 18 日，习近平总书记就明确提出，赋予自由贸易试验区更大改革自主权，探索建设自由贸易港。

所谓自由贸易试验区（Pilot Free Trade Zone），一般是指一国或地区"境内关外"的单独隔离区域，区内可进行仓储、贸易、加工等业务，在关税和配额等方面有优惠规定，货物储存期限一般不受限制。早在 2013 年，我国就建立了首个自贸试验区，即上海自贸试验区。此后，又陆陆续续发展到 11 个，包括天津、广东、福建自贸试验区等。

对于自贸港，汪洋 2017 年在《人民日报》的署名文章《推动形成全面开放新格局》，也做过专业解释：

（自由港）是设在一国（地区）境内关外、货物资金人员进出自由、绝大多数商品免征关税的特定区域，是目前全球开放水平最高的特殊经济功能区。中国香港、新加坡、鹿特丹、迪拜都是比较典型的自由港。

此前，侠客岛也做过解读。

事实上，在民间，自由贸易港一般也被认为是自贸试验区的"升级版"。这一点，从官方屡次的表述中也可窥见一二。比如，此次提到自贸试验区，用的词是"支持建设"，涉及自贸港，用的词则是"探索、稳步推进"。

不过，对于当下的海南来说，纠结于两个概念的区别，其实没有太大意义。毕竟，各项开放的举措，已经足够震撼。

比如，在现代服务业方面，提出支持海南设立国际能源、航运、大宗商品、产权、股权、碳排放权等交易场所；科研和创新方面，提出要设立海南国际离岸创新创业示范区；旅游方面，提出要实施更加开放便利的离岛免税购物政策……

背　景

海南此次的政策，毋庸置疑，是在中央推动形成全面开放新格局的大背景下推出的。

不过，可能很多人要问，如此大的举措，为什么要给海南？

你一定还记得博鳌论坛开幕式上，习近平的讲话："海南因改革开放而生，因改革开放而兴。"

的确，作为中国最大的经济特区，海南一直争当中国改革的"试验田"和"排头兵"。30年的发展成绩，相当令人瞩目。

数字中大有乾坤。

30年来，海南全省GDP增长21.8倍；城乡居民收入分别增长30.3倍和24.7倍；第三产业增加值占GDP比重从31%提高到55.7%；2017年，服务业对经济增长贡献率达79.5%，占经济总量的53.7%。而这些数字，相较于同期中国台湾，及周边的东南亚国家，都有很大程度的上升。

不仅如此，一系列敢闯敢拼、敢为人先的开放性政策同样在这片土地上扎根，焕发活力。

2000年海南省率先实行落地签证政策；2003年在全国率先开放第三、四、五种航空运输业务权；2017年进一步拓展国际航线至56条。

2017年，海南海口美兰机场和三亚凤凰机场的货邮吞吐量，已经分别达到15万吨和近9万吨。2017年，海南接待游客6745.01万人次，是户籍人口的近7倍；入境游客111.94万人次，提前3年完成接待百万人次的目标。

颇具标志性意义的，还有2011年4月20日开始试点执行的离岛免税政策，使海南成为全球第4个实施"离岛免税"的岛屿。受惠于这一有益探索，2014年9月，位于三亚的全球最大单体免税店正式开业，目前每天要接待超过1.5万名游客，接待量相当于一个"超级景区"。

区　位

当然，除了上述所说，如果我们站在更广阔的空间维度来看，海南得天独厚的区位优势，更是赋予了它不可替代性。

中国有两大宝岛，一个是台湾，另一个就是海南。由于地理、气候等条件极为相似，被国人称之为姐妹岛。两岛地形地貌特征相同，地理位置、气候条件相近，物种相似，同属于岛屿性经济，构成了相互比较的基本前提。从地理上看，海南和台湾同属于经马六甲海峡到日本的航线之上，是这条国际航线的中转和枢纽之一，战略位置十分重要。

除此之外，海南也是国内离东南亚最近的沿海省份。近些年来，亚太经济体早已经成为世界经济新的增长点。相关数据显示，2016年中国对亚太其他国家的出口占其全球出口的48%，进口占全球进口的42.9%。作为从地理上与亚太国家联系最方便的省份，海南的开放，同样是时代的需要。

不仅如此，作为中国最南端的省份，海南还是中国"一带一路"倡议的重要支点。早在古代，海口就是中国"海上丝绸之路"从东南沿海到东南亚的商贸枢纽，如今依托于"生态环境、经济特区、国际旅游岛"几大优势，它也早已经成为21世纪海上丝绸之路战略支点城市。

方　向

当然，在兴奋之余，我们也应该意识到，作为中国"最年轻"的自由贸易试验区，海南一定还有很长远的路要走。

海南建省以来，虽然发展迅速，与东部发达省份的差距并没有明显缩小，甚至还出现了扩大。2017年海南省人均GDP接近5万元，只相当于广东省的 60%，与 30 年前的比值相差无几。1988 年海南省人均 GDP 相当于福建省的 90% 和浙江省的 66%，但到了 2017 年这一比值却分别降至 58% 和 53%。

海南发展不如预期的主要原因是制造业不具备比较优势。改革开放以来，我国经济高速增长的核心推动力是制造业。特别是加入 WTO 以来，制造业飞速膨胀使我国已经成为世界工厂和全球第二大经济体。

但海南不具备人口密集型的制造业优势。在新时期的改革开放背景下，海南必须要有新的政策驱动，自贸试验区乃至自贸港的落地，无疑是新的发展思路的体现。

除了在全岛建设自由贸易试验区，海南还要逐步探索、稳步推进中国特色自由贸易港建设。那么，海南有没有经验可以借鉴呢？

可以联系此前汪洋在署名文章中所提到的：中国香港、新加坡、鹿特丹、迪拜都是比较典型的自由港。

在经济学家张燕生看来，香港的经验值得借鉴。

首先，香港的经济自由度高是世界公认的，它已经连续 24 年被美国传统基金会评为"全球最自由经济体"。而整个香港特别行政区，就是一个自由贸易港，除了四个税号（酒类、烟草与香烟、碳氢油类、甲醇）以外，所有货物的进出都可以享受零关税。其次，在香港设立任何形式的公司所需要的注册成本很低，外商投资者可以持股 100%，更重要的是所有的资金都可以进出。

除此之外，值得一提的是，这次的博鳌论坛中，习近平明确提出，要创造更有吸引力的投资环境；增强透明度，强化产权保护，坚持依法办事，鼓励竞争、反对垄断等。

而目前，根据世界银行对各经济体营商环境的调查，香港排世界第 6，中国内地（上海、北京）却只排第 78。差距还相当明显。

　　这一些，无疑都在呼唤一个更加开放、自由的经济体。而置身于中国推动形成全面开放新格局中，因改革开放而生，因改革开放而兴的海南，无疑应该是这一浪潮的"试验田"和"排头兵"。

【岛叔说】危机中兴

2018/4/19

田获三狐

"从来就没有什么救世主，也不靠神仙皇帝！要创造人类的幸福，全靠我们自己！"

《国际歌》的歌词，在中美贸易摩擦愈演愈烈的今天，显得格外有意义。

一

无论你是否从事高科技产业，这条新闻很难不引起你的注意——2018年4月16日，美国商务部宣布，将禁止美国公司向中兴通讯销售零部件、商品、软件和技术，禁令有效期将长达七年。

如果你不知道这意味着什么，岛叔做个简单的说明：业内人士分析，此举相当于断了中兴未来的发展之路。

怎么讲？

在此次事件中，暴露出一个重大隐患：我国通信产业核心技术仍然受制于人。在通信产业，由于缺乏核心技术，我国自主知识产权的高端芯片依旧与第一梯队有差距。具体在此次事件中则是，一个企业没有美国提供的高技术芯片，好比摘心挖脑，产品就造不出来。产品交不了货，收不了账，企业很难不遭受危机。

中兴的遭遇正应了习近平总书记 2016 年说过的话——

互联网核心技术是我们最大的"命门",核心技术受制于人是我们最大的隐患。一个互联网企业即便规模再大、市值再高,如果核心元器件严重依赖外国,供应链的"命门"掌握在别人手里,那就好比在别人的墙基上砌房子,再大再漂亮也可能经不起风雨,甚至会不堪一击。

不错,过去 30 多年的时间里,我国一跃成为世界第二大经济体,经济上取得了长足的进步。但同时不可否认的是,我国科技创新基础不牢,自主创新特别是原创力还不强,关键领域核心技术受制于人的格局没有从根本上改变。

全球化产业分工给中国经济腾飞提供了巨大的助力,但弊端也越来越为人们所看清:我们占据了管道,人家掌握着开关;我们画好了整条龙,人家不点睛龙就飞不了。

拿中兴通讯这次的遭遇来说,凸显出了我国核心技术缺失的软肋,尤其是互联网产业、集成电路产业、电子整机产业等方面,中美的技术存在相当大的差距。

二

差距好像大山,无志山压人,有志人搬山。面对一时的技术差距,除了不能盲目悲观,更不能轻易地对高科技发展丧失信心,借此契机自力更生掌握核心科技才是良策。毕竟我们也要看到,随着经济的高速发展,中国的科技实力、研发水平一直在奋起直追,速度惊人。

比如,国家刚开始建设三峡水电站时,外国企业看到中国市场大,就把技术卖给我们。可他们没想到中国进步太快了,三峡左岸电机还是以他们的为主,右岸电机就是我们自主开发的了。

自主创新才有底气。但是正如有段时间，我们一些人信奉的是：造不如买、买不如租的观念，社会上总有一些想靠"买买买"走捷径的观点。

的确，在消费品领域，开店的不怕大肚汉，买买买是有话语权的，多少外国的商铺因此学说中国话，接入支付宝。但在核心技术问题上，权力反转了。点石成金的手指，人家是不会卖的。

那么并购可不可以？近年来，中国一些企业试图通过并购西方同行企业获得核心技术。但根据很多国家的法律，尽管企业产权已归中国企业，但部分关键技术不得向中方转让。北方重工 2007 年并购了德国 NFM 公司，在盾构机生产方面上了一个台阶，但盾构机的关键设计技术仍然得不到突破，就是因为当地法律有限制。

市场换技术行不行？过去我们还可以，但一涉及关键领域，你给人家再大的市场也白搭。

比如在电力设备里，燃气轮机因为能快速启动而成为电网调峰的利器。但很多核心部件我们做不了，制造时使用的机床也大都靠进口。世界上这方面技术最先进的公司是 GE、西门子、三菱，可就算给他们 20 台燃气轮机的市场，人家都不提供技术。

这是因为外企的技术活动严重依赖其母国的研发资源，并未与中国本地产业形成技术根植性，外部技术知识难以转化为内生技术能力。即便在合资企业，由于产品的研发活动高度集中于其总部所在地，中方几乎没有参与空间，因此研发的外溢效应非常弱，我们难以锻炼研发队伍。

三

习近平总书记曾经说过：当年我们依靠自力更生取得巨大成就。现在国力增强了，我们仍要继续自力更生，核心技术靠化缘是要不来的。

后发优势随着中国经济的发展、科技的进步，已经越来越少了。当大家都站在全球科技前沿的时候，没人会帮你，只有自己研发，只有自力更生。

当年，大漠里的一片蘑菇云，太空中的一首东方红，都一鸣惊人般地让世界震撼。那都是在全球技术封锁、自己一穷二白的约束条件下实现的，难道今天的我们还不如半个世纪前？

【解局】国产航母首次海试，中国海军"双航母"时代即将来临

2018/5/14

湖图燕波

2018年母亲节当天，国产航母向祖国母亲献上了最好的礼物——

清晨，中国首艘国产航母001A驶离港口，开始进行首次海上航行试验。

2017年4月26日，我国首艘完全自主设计建造的国产航母下水舾装，标志着我国已经掌握了建造中型航母，以及后续更大型航母的能力，鼓舞了亿万国人；这次海试，则标志着国产航母向成为一艘真正的作战舰艇迈出了关键一步。

所谓海试，通俗地讲就是把航母"拉出来遛遛"，检验一下成色，让其各个子系统，比如自主研制的动力系统和推进系统接受复杂海洋环境的真正考验，从而检验新装备技术的可靠性。

今天的国产航母虽然还处在海试阶段，但预计将很快交付部队，最早在2018年底，最迟在2019年下半年。届时，它将和辽宁舰一起组成中国海军"双航母"时代的核心，可以说，中国远洋海军届时将脱胎换骨，成为一支真正意义上具有远洋作战能力的海上力量。

核 心

发展航母是中国远洋战略的一部分，是中国走向深蓝，承担国际责任，成为世界大国的基础。

"二战"以来的现代海军发展历史表明，航空母舰几乎是远洋海军的标配，是舰队的核心。建设远洋海军，就不得不发展航空母舰，而对于像中国这样缺乏较好远洋支撑的国家而言，更是如此。

原因并不复杂——身处大洋的舰队，必须依靠自身力量去获取制空权、进行区域防空，而航母是移动机场，是海上夺取制空权的利器，是力量投送的最方便平台。同时，航母编队还是海上的综合作战平台，集情报搜集、兵力投送、火力支援、防空、指挥等功能于一体。

看看美英就知，即使拥有众多海外基地和盟国支持，海外行动依然极大依赖航母上的舰载机提供空中打击、战术掩护和控制支援。毕竟在危急事态或战争状态下，盟国的支持通常都是有保留的和有条件的，而且固定的基地也无法提供航母打击群那样的机动性和远程投送能力。

例如，在2001年12月美军对基地组织、阿富汗塔利班政权发起的"持久自由"行动中，美军航母承担了75%的空中突击任务；1982年英阿之战，如果没有"竞技神"号和"无敌"号两艘航母，英军无论如何也不能拿下马尔维纳斯群岛。

此外，在非传统安全领域，现代航母也发挥着重要作用，是进行灾难救援、医疗援助和其他人道主义援助的重要工具。

比如，2004年印尼海啸，道路、机场各种交通瘫痪，美国"林肯"号航母的强大垂直空运能力，就在灾难救援中发挥了至关重要的作用；2006年以色列黎巴嫩冲突，英国则派出"卓越"号航母为首的多艘舰船进行"撤侨"。

作　　用

那么，中国建造属于自己的航母，究竟战略意图何在？

很简单，发展先进的航母技术平台，拥有强大的航母战斗群，是当今世界各大海军的一致建军思想。中国当然也不例外。

从当前来看，正如前文所说，国产航母一旦形成战斗力，意味着中国拥有了双航母编队，从而有可能拥有一只常备航母战斗群。

目前官方给辽宁舰的定位是试验训练舰，担负着科研和训练的双重任务。2012年9月以来，辽宁舰虽然也形成了一定的战斗力，但离真正的战备水平还有较大差距。而国产航母的起点更高，设计更为科学，综合能力更强，其服役将从根本上解决这个问题，将有望使我国首次拥有可进行远洋对抗或作战的航母战斗群。

展望未来，我国航母仍将是区域重点部署，与美国全球攻防、全球部署有很大的差异，这也意味着我国单艘航母的海上部署时间要长于美国航母。只要辽宁舰和001A型航母没有进行中期大修或者为期数年的大规模改装，我国就可以常年在毗邻的西太平洋和北部印度洋的环形水域，保持一个能用于执行任务的航母战斗群。当然，这并非常态，我国航母战斗群要形成规律化的常态化战备值班，估计要等到国产2号舰的入役才有可能。

除此之外，001A型航母投入使用后，中国海军演练"双航母战斗群"战术将成为可能，中国海军航母编队的战术内容将极大拓展，可以在更加复杂的环境下执行更加复杂的作战任务，威慑能力也更强。进一步来说，也会为我国以后多艘航母组成的联合打击群的战术，提供经验。

有人认为航母的部署旨在解决南海、台海问题，事实上，航母对于我国解决近海海洋争议和收复台湾的军事价值并没有传说中的那么大，因为当今中国的军事工具和手段有很多，而航母更多地是远洋行动的利器。

具体而言呢，我国航母主要有如下作用——

一是解决远程投送兵力的问题，遂行远洋作战或其他军事行动。中国目前的远洋编队由驱逐舰和护卫舰组成，缺乏必要的后勤保障与情报支持，无海上区域制空权和必要的反潜能力，因此在远洋只能执行反海盗、打击恐怖主义等非战争任务，难以形成有效战争能力。远洋部署航母后，各类舰载机可以为海上编队提供侦察预警和空中掩护，航母则可作为指挥平台，充分整合编队其他力量。

二是对敌进行外线威慑。中国在西太平洋不利的地缘政治条件意味着，如果中国海军仅仅局限在第一岛链内的近海活动，通过在近海建立防线维护国家安全，就依然是"陆军战略"的继续，海军的作用和特点远远没有得到发挥。

换句话说，中国必须跳出陆战思维的窠臼，发挥海军的机动优势，在大洋纵深摧毁危险来源或威慑牵制对手，以求最终实现中国近海乃至沿海大陆的安全。

在岛叔看来，未来中国远洋海军的主要活动区域，一是第一岛链以外的西太平洋海域，二是从中东、东非沿岸到马六甲海峡的北部印度洋海域。因此，中国可以考虑以航母为核心部署两支远洋舰队——太平洋舰队和印度洋舰队，从而实现在两洋的有效军事存在。

其中，太平洋舰队的主要作用，是实现中国海军在西太平洋第一岛链外的有效存在，扭转西太平洋过于失衡的海上力量格局，从外线对敌方部署在西太平洋的海空力量进行牵制和威慑；一旦开战，则可对敌方舰队、基地实施袭扰作战，延缓或迟滞敌方对中国近海的侵略或干预，为内线应敌提供有效的预警和一定的力量支援。

只有这支力量的存在，方能实现刘华清将军"敌人进攻、我方也能进攻"的积极防御作战思想。

而印度洋舰队，则将以南海重点岛屿或部分友好国家港口为基地，以北部印度洋为重点活动区域。其主要使命，是与印度、美国等国海军合作，打击海盗、海上恐怖主义，保护海上交通线；同时，通过在印度洋保持一定的力量存在，防止敌方以破坏、封锁、封闭中国海上交通线为手段来瘫痪中国作战意志。

此外，它还可以防止外敌经印度洋、通过海基巡航导弹和舰载机，对中国内陆腹地实施干涉或打击，从而对意图干涉中国南海事务的外国海上力量以有力牵制。

001A 型航母的下水，对于走向深蓝的中国海军而言，是一个非常重要的里程碑，但一切才刚刚开始。

差　距

目前来看，双航母编队尚且不能满足航母大国三航母"一艘现役、一艘待命、一艘维护"的理想结构，就其承担的使命而言，中国航母的数量仍是严重不够的。

我们应该冷静地看到，目前中国海军的航母发展起步不久，和世界传统的航母强国相比，就经验方面来说，我们还是个新手，有很大的进步空间。

自"二战"时期太平洋战场上，美国海军就开始以航母为核心进行作战，战后至今美国大部分颇具规模的军事行动中都不缺航母的身影，比如越南战争、海湾战争、伊拉克战争，美军的航母战斗群（2003 年后称之为航母打击群）都是作为进攻作战的急先锋使用；甚至没有战争的情况下，这些航母战斗群都是一支不容忽视的战略威慑力量。

即便单就航母装备的技术而言，虽然中国近些年进步神速，已经掌握了建造常规中大型航母的所有技术，蒸汽弹射和电磁弹射也都取得了突破，但在动力装置和舰载大型预警机等方面，与世界一流水准尚存在较大差距。

长远来看，核动力航母是大趋势，然而迄今为止，全世界基本上只有美国拥有批量制造和运营航母用小型堆的成熟技术和丰富经验，美军下一代航母福特级甚至可以终生不用换料（法国戴高乐号航母的核反应堆用的是潜艇用堆，一直不太稳定）。2月27日，中船重工官网发文，声称要"加快实现核动力航母等攻关突破"。保守估计，我国的核动力航母问世可能还需要些时日。

路漫漫其修远兮，吾将上下而求索。"百年海军"是客观规律，谁也不能违背。但不管怎么说，今天我们的国产航母海试了，这就是一个伟大的开始！

【解局】 这场扫黑除恶专项斗争，到底什么来头？

2018/1/25

巴山夜雨 & 公子无忌

傍晚时分，重磅新闻袭来：近日，中共中央、国务院发出《关于开展扫黑除恶专项斗争的通知》。

在全国开展"扫黑除恶"专项斗争，Why？

决　心

这份《通知》，措辞很严厉。

比如：

"把打击黑恶势力犯罪和反腐败、基层'拍蝇'结合起来，把扫黑除恶和加强基层组织建设结合起来，既有力打击震慑黑恶势力犯罪，形成压倒性态势，又有效铲除黑恶势力滋生土壤，形成长效机制"。

"要聚焦涉黑涉恶问题突出的重点地区、重点行业、重点领域，把打击锋芒始终对准群众反映最强烈、最深恶痛绝的各类黑恶势力违法犯罪。要坚持依法严惩、打早打小、除恶务尽，始终保持对各类黑恶势力违法犯罪的严打高压态势"。

"要严格贯彻宽严相济的刑事政策，对黑社会性质组织犯罪组织者、领导者、骨干成员及其'保护伞'要依法从严惩处"，"对扫黑除恶专项斗争中发现的'保护伞'问题线索优先处置，发现一起、查处一起，不管涉及谁，都要一查到底、绝不姑息"，"尤其要抓住涉黑涉恶和腐败长期、深度交织的案件以及脱贫攻坚领域涉黑涉恶腐败案件重点督办"。

"对涉黑涉恶问题尤其是群众反映强烈的大案要案，要有坚决的态度，无论涉及谁，都要一查到底，特别是要查清其背后的'保护伞'，坚决依法查办，毫不含糊"。

中央层面的决心已经很明确。尤其是文件中提到的，把打击黑恶势力与基层反腐"拍蝇"、脱贫攻坚相结合，以及"不管涉及谁都要一查到底"的表述，势必成为 2018 年反腐与基层治理的一个明确的主题。

前　　兆

为什么中央决定 2018 年开展针对黑恶势力的专项斗争？

事情并非没有前兆。2018 年 1 月 13 日结束的十九届中央纪委二次全会，公报中就明确有一条，"整治群众身边腐败问题"。其中就提到，要"开展扶贫领域腐败和作风问题专项治理""把惩治基层腐败同扫黑除恶结合起来，坚决查处涉黑'保护伞'""把全面从严治党覆盖到'最后一公里'"。

而在 2018 年 1 月 24 日举行的全国扫黑除恶专项斗争电视电话会议上，中共中央政治局委员、中央政法委书记郭声琨也强调，要把扫黑除恶"作为重大政治任务抓紧抓好"，"着力解决淫秽、赌博、吸毒、传销、拐卖等违法犯罪问题，提高社会治安整体水平"。

时间可以再往前推。2017 年 1 月，最高检给全国各地检察机关下达的任务，是坚决依法惩治"村霸"和宗族恶势力刑事犯罪，突出打击为"村霸"和宗族恶势力充当"保护伞"的职务犯罪；同年 6 月，时任中央政法委副书记郭声琨，也表态要"集中打击整治农村黑恶势力违法犯罪"。

可见，中央早已把处置黑恶势力同基层反腐、基层治理联系在一起。

探　　索

最高检反贪总局三局局长孙忠诚曾经向媒体介绍，横行于基层组织的"村霸"有四大特征：乱政、抗法、霸财、行凶。

何谓乱政？倚财仗势、干乱国法、操纵选举。比如以前被判刑的江西省某市原人大代表，纠结多名同族兄弟以及社会闲散人员组成犯罪团伙，称霸一方，多次利用暴力、威胁等手段实施违法犯罪行为，甚至利用势力和影响，威胁当地党委政府工作人员，干扰基层组织选举。

抗法，指暴力抗法、对抗政府、煽动滋事。典型案例如 2016 年底，广西某村支书因妻子在交通事故中丧生，便伙同亲属，当着公安民警的面要活埋肇事司机。当公安民警阻止时，其倚仗人多势众进行对抗，当地派出 130 多名民警才将司机解救。

霸财，即强拿强要、欺行霸市、坐地纳贡。河南省某村原村党支部书记、村委会主任在出租农地、建设新社区农村饮水工程等事情上"雁过拔毛"。河北某村村主任自 2012 年以来，组成恶势力团伙，要求所有村民结婚必须"上供"，曾有一村民未照办，结婚当天竟收到了送到门口的花圈。

至于"行凶"，则是横行乡里、违法犯罪、残害无辜。广州某村有一群"村霸"，从 2008 年起就在村里为非作歹，敲诈在村内经营小店和生活的人员，甚至当街调戏妇女。

岛叔此前在文章中写过，中国历来有"官""吏"之别，像村干部这样游离于公务员体系、但又实际掌握了一定公共权力、且长期在本地本村不流动的，显然属于土生土长的"吏"——农村治理离不开他们，因为只有他们掌握真正具体的情况；处罚起来又很难，"我就是一农民，能把我降到哪里去"？而长期跟他们生活在一起，"有求于"村干部的村民，则容易忍气吞声。

老虎或许很远，苍蝇每天扑面。如果这些发生在群众身边的黑恶分子、腐败势力得不到惩治，将极大地侵蚀执政基础。由是观之，无论是针对扶贫"微腐败"的巡察，还是针对基层黑恶势力的专项打击，都是在不断探索解决基层治理这道难题。

原　　则

在岛叔看来，今天这则中央文件，更值得细细玩味、也值得全国上下执行专项斗争任务的干部体会的，是这样一句话——

"要主动适应以审判为中心的刑事诉讼制度改革，切实把好案件事实关、证据关、程序关和法律适用关，严禁刑讯逼供，防止冤假错案，确保把每一起案件都办成铁案。"

换言之，扫黑除恶，中央此次定的基调就是"依法"，一切都要有法可依。

中共对于黑恶势力一向是零容忍。1983 年至今，中国也经历过多次"严打"，主要针对杀人、抢劫、强奸、投毒、绑架、盗窃、拐卖妇女儿童等犯罪活动，以保障人民群众的生命财产安全。在不同的历史条件下，"严打"发挥过自己的作用。

不过，随着历史和社会的发展，保障人权、程序正义、罪刑相当等原则已经成为共识。在 1996 年"严打"、2004 年"严打"、2010 年"严打"过程中，保障人权逐渐被提升到与打击犯罪同等的地位，司法机关也强调在实现效率的同时更须维护公正。特别是随着《刑事诉讼法》

的不断修改完善，"严打"一词蕴含的"依法（严厉打击）"的内涵被不断突出。

2015年1月，在谈到中央政法工作会议上习近平对于政法队伍"刀把子"作用的论述时，人民日报政文部微信曾经举过这样的例子："在重庆，薄熙来、王立军发起'打黑'行动，利用政法机关制造了一大批'黑社会'案件。事后，经过严格审查，这些案件中很多都是冤案、错案。由此可见，薄、王二人所打的'黑'，纯粹是从个人利益出发，搞的是'顺我者昌、逆我者亡'的封建王朝思想。如果没有政法机关的力量，很难想象薄、王二人有能力把重庆搞成'家天下'"。

换句话说，针对黑恶势力的斗争，也要恪守法治的要义，这样才能保证不走偏、不变形。

事实上，2015年，为落实十八届三中、四中全会精神，最高法就印发了《全国部分法院审理黑社会性质组织犯罪案件工作座谈会纪要》，明确规定了如何认定黑社会，如何认定黑社会的行为特征、经济特征、危害特征，以及如何相应适用刑事责任和刑罚。

文件也要求，"把扫黑除恶作为重大政治任务来抓，但这绝不意味着可以放宽黑社会性质组织认定的标准，将扫黑除恶扩大化，甚至为了完成某些指标，参与某些排名，以追求政绩的态度对待扫黑除恶"。这一纪要，也应当成为本次斗争所遵循的标准。

国无恒强，无恒弱，奉法者强则国强，奉法者弱则国弱。

两千多年前韩非子的告诫，对于今天的依法治国和扫黑除恶专项斗争，依然具有重要的指导价值。它在法理上时刻告诫我们："严打"的政策必须坚持法治原则，不能侵犯人权，不得逾越现行法律法规，更不可凌驾于宪法之上。只有恪守法治原则，扫黑除恶专项斗争才能经得起历史的检验。

打击犯罪是很难通过一次"严打"就能完成的，盘根错节、利益交织的老大难问题更是如此。因此，"扫黑除恶"应当排除运动化的倾向，杜绝只顾"一阵风"，而忽视长久性社会治理的套路。相反，只有常态化的打击犯罪和犯罪预防，让"严打"变"常打"，才能"天网恢恢，疏而不漏"。

【解局】明星是否偷漏税？背后藏着大问题

2018/6/4

铁甲依然

大热的新闻当然大家都知道了，就是明星是否用签订"阴阳合同"的方式进行偷漏税。

后续的进展是，国家税务总局责成江苏等地税务机关调查核实有关影视从业人员"阴阳合同"涉税问题。又其后，有媒体称采访到了范冰冰工作室，文中，工作室称从未通过"阴阳合同"方式签约，接下来会全力配合相关部门依法核查。

是否通过这种方式逃避税务监管，是一个相对专业的技术问题，需要相关部门的官方调查结论，不妨等子弹飞一飞。但其实此次热点事件背后，真正的大问题值得深入思考。

片 酬

无论是否有通过"阴阳合同"方式签约的事实，其实背后无非是明星天价片酬的老问题。

为什么这么说呢？正是因为涉及过高片酬带来的税务问题，才有可能通过两份合同的方式签订合约——一份用来对外报账，一份用来真正收益。

不过，在行业不规范的背后，除了"阴阳合同"，其实还有很多很多种操作方式。

比如在有税收优惠政策的地方注册公司（如此前明星扎堆的霍尔果斯），比如要求制作公司承担税费，甚至知名演员还可以参股，以投资方的身份获取更大额度的回报。

当然，也有评论称"阴阳合同"背后可能涉及洗钱，那是另外一个技术层面的问题，更需要专业机构调查。

那么，一线明星的片酬到底有多高呢？

这次新闻的调查结果还没出，先不说。上次引发热议的是电视剧《如懿传》，两名主演的薪酬高达1.5亿元。此前岛文也曾引用过一位资深经纪人的消息，目前圈内演员片酬贫富悬殊巨大，一些一线演员片酬近亿，而一般新人三个月的打包价则为15万元。

明星演员的薪酬达到电视剧或者电视综艺预算开销的70%，已是如今广电行业的家常便饭。甚至，一些演员会相互攀比片酬，签约时提前找人从片方那里打听搭档的酬劳，然后坐地起价。

以电视剧为例，演员圈内有句行话："要么看戏，要么看钱"。不少影视剧质量差，没有内容优势，一味依赖明星。很多电视台、视频网站等根本不重视影视项目的剧本、制作和定位，只关注明星阵容，如果有某当红明星参与的剧目，就提高购剧价格。这样一来，片酬自然被提高。

坦白讲，如果均是市场导向，一切合法，大家也可以接受。但是如果其中有偷漏税等违法行为，相信在此间的发达资讯手段下，民众应该较难接受，中国也不是没有明星因为偷漏税被处罚甚至坐牢。

但当热闹的新闻热度退减，总有一些真问题留待解决——比如高片酬对于整体行业的影响。事实上，在中国艺术研究院当代文艺批评中心主任孙佳山看来，每次类似的新闻出来，背后暴露出的都是我国文化娱乐产业不平衡不充分、畸形发展的问题。

失　衡

高片酬对于行业的影响是显而易见的。

首先，三分之二以上的制作成本都用来给明星付了片酬，那么粗制滥造的问题就很难避免。同时，高片酬带来的"压力传导"，可能会引向"收视率造假"——只有知名演员参与的大制作剧集和综艺才会有相对稳定的收视率，只有收视率高了才能得到更多播放，为下一部剧拉来更多资金，形成循环。

天价片酬最终需要支付，作为电视节目、广播节目和广告交易的"通用货币"，收视率可直接影响电视剧的身价和排期、电视台的收益、广告商的利润，重要性非同小可。收视率造假就应运而生了。

为什么会有"高价片酬—收视率造假"这样的链条存在？

在孙佳山看来，其实这种乱象背后，是广电行业"产能过剩"带来的恶性竞争。比如，我们其实每年有大量电视剧根本播不出来。在中国电视剧产量见顶的 2012 年，当年全国电视剧产量达到了 17000 集，但我国现有的频道播出容量，每年最多只能容纳 8000 集左右；2013 年，全国共播出 616 部电视剧，其中首播新剧仅为 266 部，只占黄金段播出总量的 43%。

也就是说，在目前的格局下，大部分年份，国内新拍摄的电视剧，有一半甚至更多，根本没有播出的机会。

而在网剧层面，如果按照目前国内网剧的产量增速，以观众平均每天观看 2 小时为上限，国内的网剧市场已经接近 3 倍的明显饱和——同样，网剧成本也在高速增长，但国内网剧的用户付费，却很难让一两家主流视频网站盈利。

很像电影对不对？大卖的就是明星云集或者口碑不错的那些，还有大比例的电影没有排片、"影院一日游"。听上去就是影视行业的

"马太效应"。

孙佳山告诉岛叔,正如许多行业的产能过剩带来的负面效应一样,过高的片酬只会继续加剧影视领域的寡头垄断的现实,使得电影、电视剧严重依赖知名演员、大资本投入。这也使得大量小资本精心制作的作品和未成名演员进一步丧失了成名的机会,进而导致了作为文化工业关键要素的"结构性失衡"。

解 决

其实管理部门不是没有看到过这些乱象,也一直在出台规定,限制天价片酬、打击收视造假和票房造假。但仅靠"下药",恐怕还难解决产业的系统性问题。

比如大家关心的阴阳合同。因为文化产业链条的缺失,生产要素的价格很容易被人为炒高;即使不拿阴阳合同,管理部门限制片酬,从业者一样有很多规避手段。

打个比方,你限定五百万一部的片酬,在现有其他格局条件不变的情况下,作为稀缺资源,一线明星完全可以通过肖像权、广告费、赞助商等其他形式拿走十倍的薪酬。

病灶不解决,花样总是会翻新。

行业失衡发展的背后,也有金融杠杆过度撬动的影子。

孙佳山说,以电影为例,电影界现在流行的各种术语,比如众筹、私募、基金、完片担保、保底发行,其实都已经是金融资本运作的手法。无论相关各方是否愿意面对和承认,中国电影在很大程度上成为金融衍生品,这在当下已经是不争的事实。

从前期筹备、拍摄,到后期制作、宣发,一部影片在面世的全过程中所需的全部资金,在当下都可以被打造成标准化的理财或信托产品进行融资,包括饱受非议的P2P模式。

也就是说，在过去，电影只有在影院放映才能收回成本的商业模式，在如今已经几近被淘汰，最极端的情况下，一部影片可能甚至尚未面世，就已经提前收回成本。

因为在如今不断高涨的票房神话下，票房冠军的门槛在几年间就由上亿暴涨到 20 亿级别，这种甜蜜的"允诺"自然受到了资本市场的热捧，但凡一部影片取得了票房佳绩之后，相关投资方都在股票市场等金融领域大快朵颐。

事实上，中国电影的发展，还远远无法挣脱出中国经济的宏观大环境，原有能源、房地产和资本市场上的"热钱"，在近几年迅速涌入到影视等方兴未艾的文化产业领域，中国电影在最近几年获得了前所未有的资金杠杆。

孙佳山指出，与之相对应的是，我国目前的电影产业本身还远远没有跟上文化产业金融化的节奏和浪潮。目前为止我们还只有武打、宫廷、喜剧等屈指可数的几个成熟类型，电影版权和衍生品等领域还极不规范，遑论由专业法律保护的、健全的投融资资金监管和退出机制，全产业链的有效权益保障还无从谈起。

这种脱节、错位的发展格局，在很大程度上也是当前中国文化产业的一个缩影。既然影视已经与金融深度融合，那么在股票市场和房地产市场上所不断提及的"去杠杆"，也依然适用于中国影视。

去杠杆是一个过程，挤泡沫是必经的阶段。

在孙佳山看来，解决当前一些大牌明星天价薪酬问题的钥匙，更多地还在于中国广电行业及其背后明星制度，迫切需要调整顶层设计。

对于中国广电行业而言，整合、调节广电体制近二十年所沉积的错综复杂的利益格局，针对影视行业产能过剩问题，下大气力进行供给侧改革，才有可能从根本上让明星片酬回归到正常区间，也让影视行业回归到理性发展的轨道。

【解局】20多年过去，为什么中国与他们的差距越拉越大？

2018/7/4

公子无忌

2018年7月3日，关于日本的新闻细节刷了屏。

比如，日本和比利时世界杯淘汰赛结束后，日本的更衣室极其干净整洁，还留下了俄语的"谢谢"字条，让国际足联官员都为之赞叹。同时，日本的球迷也在球队输球后流着眼泪收拾完了看台上的垃圾。

又如，日本虽然输掉了比赛，但是赛中一度2∶0领先，场面毫不落下风。要知道，日本的对手可是目前世界排名第三、目前真的是遇上了黄金一代的比利时。即使最终憾负，日本在赛中表现出的水平，也足以让亚洲球迷感到吃惊。

说实话，日本队类似的场内场外新闻，这些年也见得不少。而如果把时间往回倒推不到30年，也就是20世纪90年代初——那时候，中国和日本都刚刚开始足球职业化，两国几乎同时起步。

所以，不说这些细节，岛叔想问、也是很多普通人会问的问题是：为什么我们几乎同时起步，但20多年过去，双方的差距却越来越大？为什么20多年前中国足球水平几乎碾压日本，现在却只能在家看亚洲邻居的出色表演？

这恐怕不仅仅是一个足球领域的专业问题。

崛　起

岛叔没骗你，曾经中国踢日本，真的是碾压的。当时的日本在亚洲范围内都不是强队，曾经连续 28 年在奥运会预选赛没有出线过。

不用去翻中国的历史战绩了，这行当里真的没法儿拿"祖上阔过"说事儿。就拿侠客岛老年男子足球队队长说的故事来举例吧。曾经的国脚、当过国家青年队主帅的沈祥福，是中国最早留洋的一批球员，1988 年起就去日本踢球了。他踢球那会儿，在国家队层面，中国几乎"说赢日本几个就赢几个"。

但后来，沈祥福讲了另外一个故事：当年他带过的中国足球"超白金一代"，年龄差不多是"85 后"。有一次和日本同龄孩子踢热身赛，入场时候我们的孩子比对方普遍高出半头到一头，看着对方，心里还存了几分睥睨。但结果呢？我们的球员根本踢不过半场，被这些比自己矮不少的对手按在地上反复摩擦踩躏。

沈祥福说，当时如果地上有个缝，他真的会钻进去。

那可是媒体冠名的中国"超白金一代"——他们曾经还受过专业体制的训练，在沈祥福集中训练、拼命练技战术和基本功的调教下，最终在世青赛上进了 8 强，阿根廷人跟他们踢完都哭着说赢得太艰难了。但又怎样呢？最终也泯然众人矣。

"85 后"的一批是如此，后来好些吗？并没有。比如，2001 年的孩子现在 17 岁，这个年龄段的中国队也跟日本踢过，基本也是被半场踩躏。

任何一个认真观察足球的人都会承认，中日足球这些年，尤其是在后备力量的培养上，与日本不仅没有拉近，差距反而是扩大了。

国家队只是后备力量培养的开花结果。土壤都没有，不可能指望开出花来的。

1998 年前，日本没有进过世界杯；1998 年后，日本未缺席过世界杯。在亚洲层面，日本已是铁定的第一挡，甚至在广州亚运会上，以业余和大学生球员组队的日本都可以夺冠。更不用说的是，日本女足已经拿过世界杯冠军了。

为什么日本会如此迅捷地崛起和成功？为什么中日足球的差距越拉越大？这不是妄自菲薄，百战不殆的前提是知己知彼。

历　　程

回过头看，中日足球的起步时间类似，但发展历程却极不相似，可以说是完全不同的两条道路。路途的不同，也结出了不同的果。

我们知道的是，日本足协当年搞了一个"百年计划"：他们计划 2015 年日本男足排名进入世界前十，足球人口（球员及其家庭、足球工作者、注册的球迷）500 万人；2050 年日本拿到世界杯冠军，足球人口达到 1000 万人。

现在看，虽然"世界前十"的目标没有达成，但是足球人口 500 万的目标已经达成了。仅仅是在日本足协缴费登记的登记人口，包括裁判和教练在内，就有 130 万人左右，足球人口已有 600 多万；2011 年，日本的青少年足球选手就已经达到 60 万人。

与之相比，2011 年的时候，中国足协掌握的 13—19 岁的注册小球员数字，是 3000 人。虽然成年段的数字一直没有精确披露，但在册可供国家队选拔的，跟日本肯定不是一个量级。

其实，在日本足协搞"百年计划"之前，中国职业化初期也有过类似的五十年计划。当时日本人看了中国的计划，"几乎都绝望了"——在日本人看来，中国有更多的人口、更广的选材面、更好的身体，如果按这个计划执行下去，在亚洲是不可战胜的。

但中日不同的地方在于，20 多年过去，日本几乎如一台精密仪器般严格地执行了百年计划；而中国却没有按照计划实施，不断变换着足球的掌门人，没有人愿意做前人栽树后人乘凉的事，都是急功近利地看着眼前。为了世界杯、为了眼前的战绩，我们甚至用了很多与职业化、与市场格格不入的方式管理足球。

在专业的足球观察者看来，这是中国与日本最大的差别所在。

对 比

1993年，日本J联盟成立，真正进入职业化的联赛运营。1994年，中国职业化的甲A联赛也开始运行。

到现在，日本的47个行政区中，有40个都有J联盟俱乐部；中国的职业化则像一出大戏，在最初的火爆后，又经历了反假球、反黑、反赌的萧条，直到新一波金主进入，球市与资本齐飞，国家队与竞技水平却难言飞跃。

逆水行舟，不进则退。尤其是当别人在迅猛进步的时候，哪怕是原地踏步，也已经是后退了。就像我们都做过的应用题一样，小中和小日从一个起点共同出发，但是速度不一样，慢慢地，我们甚至被人家套了圈，甩得越来越远。

坦白讲，足球很长时间内都不是中国关注的焦点。更有人气的乒乓球、羽毛球，群众基础都在数千万量级；团体项目的篮球排球，也有更多的传统。虽然中日职业化起步时间点类似，但是其社会背景、发展阶段则有着本质差别。

20世纪90年代初，我们开始职业化的时候，小平同志刚刚南方谈话，要搞的市场经济还是一张白纸。但彼时的日本已是发达的市场经济，有法治、市场的高度支撑。

双方面临的问题也不一样：我们是从传统的三级体校专业培训体系转成职业体系，日本则是从企业化足球转向职业化足球。在这个过程中，得益于市场体系的发达，日本的转变顺畅无缝，不曾出现中国式的行政掣肘和反复折腾；中国则走了太多弯路，在丢掉专业体系、丢掉专业化精神、丢掉基层教练和青少年训练之后，没有相应的体制进行弥补。

历史的学费要交，我们认；但如果学费交了没学到东西，那就有问题。

经　　验

有一部中国人去日本拍的纪录片，叫《东瀛追球》，记录了日本联赛和青少年足球如何崛起。有时间的话大家可以去网上看看，花不了太长时间，却会有很多收获。

比如，J联赛创始之初（1993年），就规定"财团不得冠名球队"。同时，俱乐部不允许赤字运行。如果连续三年赤字，就要被取消营业执照。

他们的考虑是：如果是财团冠名，那就只是公司员工、家人亲戚去支持球队；但如果是以城市命名，就会有全部的市民来支持。今天J联赛中的球队皆是如此，他们的队名，都是球迷自己想、然后票选出来的。据说现在中超俱乐部也在推"中性化冠名"、多股东入主，但实施起来估计要2020年以后了。

又如，片中出现的日本足协，定位和职责就很明晰。全日本青少年足球教练技术指导手册，是足协负责编写的；青少年足球的训练经费，足协划拨；职业联赛，则完全交给J联盟去运营。"让孩子们通过踢球锻炼身体，是日本足协的社会责任。"

事实上，足协的任务，就是国家队、青训。如果校园足球不抓，青训完全交给短视和逐利的俱乐部，本质上是推卸责任。中国推行职业化后，推翻了自己原有的专业队青少年培训体系，后备力量的培养都交给了自负盈亏的俱乐部，直接导致了人才培养的断层。

再如日本独特的校园足球文化。学习掉队的，不能选作球员参加比赛；球员首先是学生，必须在踢球的同时要高中毕业。职业化的联赛，可以从俱乐部训练队、高中、大学球队中选人，英雄不问出处，成才之路多条。更重要的是，在学校阶段，日本足球人的共识是，尊重失败，尊重强者，但不以成败为最终目标，更重要的是青少年人格教育的塑造。

片中，学习足球的孩子家长说，足球教给孩子的团队协作、奉献精神、规则意识、拼搏精神，是家庭给不了的，这给了孩子不一样的人生经验和经历。"日本社会认为，首先要有争取对待足球的态度，才可能循序渐进、提高水平，持续上升"。

足球是一门专业，也是一门科学。足球的发展水平，体现出的是整体社会和理念。踏实干，别折腾，是一个时代命题；不是立竿见影，而是久久为功。

"火热的梦想，需要最沉静的付出"。

这些年，我们学巴西，学德国，学西班牙，学前南斯拉夫，谁强就学谁，教练换了一波又一波。但其实，还不如把眼光投向日韩，看看我们的亚洲近邻是如何培养人才、如何扎扎实实进步的。毕竟，学渣不能总盯着学霸干什么；当年跟自己差不多的渣渣小伙伴如何通过努力变成了中上游，这样的经验恐怕更有借鉴意义。

第三部分　民　生　篇

【解局】远超高利贷的暴利！"现金贷"疯长背后，藏着哪些风险？

2017/10/30

雪山小狐

一家公司，从成立到赴美上市成为中国年度最大 IPO，用了三年时间；从亏损 2.33 个亿到盈利 9.74 个亿，只用了两年时间；上市首日股价就暴涨 21.58%，市值一度达百亿美元，超过国内一半的银行类上市公司。

还是这家公司，在上市第一天就被爆财务作假；上市一周，股价跌破发行价。

大家可能已经知道，这家公司有着过山车式表现的企业，就是趣店。而它所在的行业——现金贷，最近同样深陷舆论风暴。

一方面，作为一种线上的短期、小额借贷平台，现金贷在蓝领、学生等群体中十分火爆，被多方认为是一种金融创新。但另一方面，最近，由于暴力催债、高利贷等一系列负面新闻事件，不仅网友批评其"嗜血"，就连新华社、《人民日报》等央媒也刊文，质疑其到底是"现金贷"还是"陷阱贷"。

事实上，就在 2017 年 10 月 28 日，央行相关负责人已经公开表示，包括现金贷在内的所有业务都要纳入监管，任何金融活动都要获取准入。

现金贷为什么能引起这么大的关注？这背后又有什么玄机？

火　爆

不可否认的是，过去一两年来，现金贷非常火爆。业内人士保守估计，目前其市场规模已达万亿人民币。

从事为网贷平台输送广告、流量业务多年的李永庆，对现金贷非常熟悉。据他说："一般放贷规模在 30 亿 / 月的企业，净利润都是以亿论的。2016 年有的现金贷公司，光交税就交了一个亿，CEO 年终分红多达 10 亿。"

最典型的例子，是行业内某明星企业，凭借一款现金贷产品，2016 年度净利润达到 11270.70 万元，同比增长 1640.1%，就在 2015 年，该公司净利润还为 -731.8 万元。是的，仅现金贷一款产品就让这家公司的利润迅速转正。

同样很有冲击力的，还有惊人的贷款利率。有第三方公司做过调查，目前中国的现金贷项目，平均年化利率高达 200%。当然，再往上，400%，500%，甚至 1000% 也并不罕见。

这么暴利，想要进来的企业必然很多。像腾讯、百度这样本身涉足金融的流量巨头就不用说了，最近，就连今日头条、聚美优品、办公软件 WPS、陌陌这些看起来跟金融毫无业务联系的企业也纷纷入局。

2017 年以来，业内比较受关注的大企业，包括信而富、趣店、拍拍贷等，都纷纷踏上了上市之路。而最近，又一位主营现金贷业务的互联网金融企业融 360，也向 SEC（美国证券交易委员会）递交了招股书。

不知名的小项目则更多。保守估计，目前国内的现金贷平台至少有上万个。为什么会这么多呢？因为做这行的门槛实在太低了，用李永庆的话来说，十来个人，一套设备，百万本金，就能成一个项目。平台不重要，关键是流量。流量大，微信公众号也可以放贷。

需　　求

归根结底，现金贷到底指什么？又是怎么发展成如此火爆之势的？

跟此前我们经常听到的网贷、消费贷、信用卡不一样，一般意义上理解的现金贷，是一种短期、小额、即时的线上借贷平台。它有这么几个特点：第一，不进征信系统，说白了，你有没有足够的还款能力，借钱去干吗，平台很难获知；第二，借贷金额一般都比较小，以1000元到2000元居多；第三，审核迅速，一般次日甚至当日就能拿到借款。

说到这里，我们似乎可以勾勒出一些非常经典的场景：初入职场的小红急需一只拿得出手的包包；刚换工作外卖小哥急需一辆送餐的电动车；大三的小张看上了一个新款游戏皮肤……

他们都有一个共同的特点：有消费需求，但当下经济能力一般。

有第三方机构做过类似的调查，这群人主要包括：三四线城市的低收入人群；二线城市以上的外来务工人员（基础服务业、制造业等）；毕业两年内的学生（低收入白领、蓝领等）。

他们中，80%的客户在生活中平均2个月借一次钱，收入水平低于5000元/月。70%的客户一年中超过3次迟发工资，有借款需求。

也正是由于这样的生存状态和不被征信系统接纳的身份，他们是被传统金融机构"照顾"不到的"长尾"人群。

对于这群人来说，被银行拒之门外是普遍现状，毕竟银行也需要考虑风控和成本，而他们的还款能力和还款欲望确实有待考究。寻求亲戚和朋友的支援，又常常让他们觉得难以启齿。于是，现金贷常常会成为他们有应急借贷需求时的第一选择。

问　题

但问题是，银行不愿意介入的这块市场，普通民企介入，怎么就能牟取如此的"暴利"呢？

野蛮生长的背后，往往是说不清道不明的巨大"灰色"地带。

在对现金贷的讨伐声中，"裸贷"和暴力催债高居榜首。2016年下半年的校园"裸贷"事件，大家应该还记得。很多企业在学校附近打出各类广告，刺激学生的非理性消费欲望。不少女生为买奢侈品、新款手机，以"裸持"（裸露身体手持身份证，然后自拍）的形式留下照片作为抵押，最后深陷债务和名誉危机。

彼时，"10G女生裸贷照外泄"一事，更是震惊全社会。

而这个月月初，杭州某高校又发生一起恶性暴力催收事件，借款者杨某由于无法按时还钱，被借款中介四人非法拘禁将近一周，期间遭遇多次殴打。

当然，在这一野蛮现象的背后，更值得关注的，是其过高的借贷利率。

前面已经提到过，行业的平均实际年化利率高达200%，更甚者，高达1000%，而这早已经越过了监管红线。

是的，尽管此前，最高法院已经明确下过文件，对民间借贷利率划定了36%的红线，年利率超过36%以上的借贷，超过部分法院将认定无效。但企业总有自己的办法，增加所谓"服务费""管理费"就是最惯用的一个手段。

打个比方，用户在某平台借1000块，年化利率只有360元，但每周的服务费却可能高达50块。这么算下来，年化利率就近300%了。另外在部分平台，服务费还会随着借款额的增加而增加。

负面消息总是更加吸引人的眼球，如今，网上一度出现了"嗜血现金贷，人死方能债清"这样的声音。甚至有观点认为对这类现金贷企业，就应该一刀切，全部关停。

思　考

但冷静下来思考，在这个问题上，我们其实还可以有更全局化的思维方式。

根据统计，我国有 6 亿人没有进入征信系统，有 50% 的人口无法通过银行等传统信贷渠道，获得贷款等金融服务。为这群人提供的金融服务，其实就是我们通常所说的"普惠金融"，也正是目前中国金融市场的一个空白。

现金贷不同于 P2P 平台，后者募集公众资金，极容易产生跑路的后果，而前者是"借钱出去"的模式，在商业上最突出的问题，其实就是"以贷养贷"和"共债"危机。

众所周知，由于用户资质不高，这类现金贷平台通常有着非常高的坏账，但行业弥补坏账最常见的做法，并非着力筛选客户，而是通过提高利率，覆盖财务损失，而利率越高，还不上钱的用户就会越多。这实际上形成了一种恶性循环，最终可能导致企业甚至是行业的崩盘。

相关机构的统计数据也的确值得我们警惕：自 2017 年 6 月开始，现金贷行业的风险便进入上涨区间，在统计的 100 多家现金平台中，15 天之内，借贷人在各现金贷平台的重复申请率达到近 35%。也就是说，有 35% 的借贷人在至少两家借贷平台借款。那么，他们中是否有人拆东墙补西墙，借新贷还旧贷呢？这就是我们所说的"共债"和"以贷养贷"。

现金贷平台固然乱象丛生，但问题是，如果真的贸然关停所有现金贷企业，这类低收入群体失去了稳定的资金流转来源，极易产生社会问题。而对现金贷企业来说，其借贷出去的款项也将很难收回，最终可能招致更大的金融风险。

另外，反向来看，尽管银行等传统的金融机构没有直接介入这一行业，但据不少业内人士称，现金贷企业背后的资金来源，大多是银行、券商、信托基金，农商行尤其偏好这类平台。这无疑证明了，这个市场依然有极大可探索的空间。因此，我们更应该思考的问题，或许是如何治理这一行业乱象，引导行业健康发展，使之更好地服务低收入群体。

借　鉴

那么，这一困境有解吗？

一个值得关注的点是，现金贷不只是中国独有的现象，其他欧洲、美洲、南亚国家都有这一行业。它们的某些案例，其实为我们提供了一些借鉴。

比如，有媒体报道，在解决"共债"危机上，印度现金贷监管部门就提供了一个可以参考的方案。他们要求将现金贷公司的数据，强制提供给银行，然后由银行提供资金，现金贷公司则变成了完全的助贷公司。这不仅收集了底层人的征信数据，逐渐完善了国家的征信系统，还减少了"以贷养贷"的现象，降低了债务风险。

而在防止过度授信和过度借贷上，美国和英国也有它们的做法。比如，给借款额度设定上限、限制借款次数、杜绝"利滚利"等现象。此外，提高行业准入门槛，官方设定持牌经营和准入机制，也在很大程度上降低了杠杆风险。

在国内，2017 年以来，监管部门也已经出台了多项政策。

4 月，P2P 网络借贷风险专项整治工作领导小组办公室专门下发

"现金贷"清理整顿工作的通知，排查了市面上大部门的现金贷平台；6月，银监会下令叫停网贷平台的"校园贷"业务。

不可否认的是，作为一个新生事物、新兴行业，要在其尚不成熟的时候制定完美的监管措施，不是一件容易的事情，再加上中国庞大人口基数和广阔的金融市场这一国情，难度更甚。当下，金融创新的速度很快，如何让监管跟上其步伐，引导行业朝着更加健康、理性的方向发展，实现经济效益和社会效益的统一，是这一乱象背后，值得我们深思的地方。

【解局】阴魂不散的"女德"

2017/12/5

田获三狐

一个名曰女德的幽灵，在神州大地阴魂不散。

前有"女德教母"丁璇老师开道场，扬言"女孩最好的嫁妆是贞操"，后有抚顺女德班，宣扬"女子点外卖、不刷碗是丧失妇道""女人就该在最底层"。

近日，在网上流传的一则抚顺女德班视频火了。视频中充斥着诸如"女人应打不还手、骂不还口、逆来顺受、坚决不离婚""女强人下场都不好"的奇葩言论，将女德班和传统文化教育推上了风口浪尖，引起了人们的热议。对此，不少网友认为"学校在培养女奴"。

不过好在，12月3日一早，抚顺教育局官方微博就对此事回应，称针对"女德班"一事，抚顺市第一时间成立多部门联合调查组，调查后责令其停止办学，尽快遣散所有学员，并迅速开展全市排查，坚决杜绝相关情况再次发生。

抚顺女德班的事情好像暂时完结了，但这只是台前叫嚣形成热点的，还有好多潜行隐逸闷声发财的。类似女德班，网上随手一搜，从北京、山东、河北一直绵延到陕西、广东和海南，大有遍地开花之势。

女德这东西，本不值一驳，也不堪一驳。冒了头的，自然被打掉不用说。社会中有这样的现象肯定是不对的，但它就是能在一定范围、一定时期流行。

为啥呢？披了层外衣，套了件马甲。我说的不是女德，而是传统文化；我看的不是风水，而是传统文化；我练的不是气功，而是传统文化；我搞的不是京剧比基尼，而是传统文化。

传统文化，多少罪恶假汝之名以行啊。

山居道长不读书

岛叔有一次参加一个饭局，主人请了一位道长到席，坐在岛叔旁边。岁数不到五十的样子，看上去挺谦虚一个人。据说其人过去 10 年隐居山东某山修道，近来下山要悬壶济世了。

席间有不少道长的崇拜者，他们说道长精研道家文化，擅长养生之术，有病的病好了，没病的更好了。岛叔就抱着请教的态度问道长怎么评价《云笈七签》，这可是道教的知名类书。道长装没听见，场面尴尬了几秒钟，大家就推杯换盏岔开了。好吧，岛叔只能理解为，道长只看病，不看书。

这样的人古时候叫做方士，秦始皇、汉武帝斩杀了不少，今天都被我们当作"传统文化代言人"了。

其实，这样的行为，古人已经批判过了。班固就曾指出，"然而或者专以为务，则诞欺怪迂之文弥以益多，非圣王之所以教也。孔子曰：'索隐行怪，后世有述焉，吾不为之矣。'"

什么丁璇、王林、闫芳、张悟本，都是拿传统当幌子的现代术士。有人看不穿，是为无知；有人借助人们的无知，来为自己延誉生金，是为无耻。两相结合，产生的负效应，却让传统文化背了锅。

传统文化背黑锅

总结一下可以看出，传统文化的背锅重灾区有这么几个：养生、思想、风水、命理等。

今天单说养生，这块最乱。今天上到九十九、下到刚会走，很容易就能投入到养生事业。

传统文化中的养生，分为四类：服食、行气、导引、房中，是为古代四大养生术。其中，服食是吃，安徽阜阳双古堆出土的汉简《万物》中就把服食之物分为疾行善趋类、明目登高类、潜水行水类等，民间所谓的吃哪儿补哪儿与之有不少相合之处；行气是呼吸吐纳，近似和尚打坐；导引是屈伸俯仰，数华佗的五禽戏最有名，类似第九套广播体操；房中不用说。

本来眉目清晰，但是现在人们所说的"养生"，概念非常宽泛。不仅包括古代的行气、导引，还附会易理，掺杂数术，融合医、儒、释、道，旁涉武术技击和幻化之术，连国外的同类也包括在内，比如印度瑜伽，甚至还吸收了现代科学的概念和术语，比如"场""能量""分子结构"等，愈加玄幻。

三十六计中有一计名曰浑水摸鱼，今天的养生家玩的就是这招。反正大家不爱读书，我就掺和着来，真真假假搅和在一起，忽悠起来就方便多了。

醉翁之意不在酒

打着传统文化、气功养生、特异功能等旗号行走江湖的骗子、神棍，这些年层出不穷。他们或能隔空取物，能让断蛇复活，或能徒手拧钢勺，接通宇宙磁场，而且代不乏人，媒体送走了一拨又一拨。

那么，这些假传统如何变现呢？那些看上去形同杂耍的技艺、云遮雾罩的传奇，但凡受过九年义务教育就不应该轻信，可怎么就能让那么多达官显宦、巨贾名流奔走于众大师门下呢？我们中学物理、化学都白学了吗？

醉翁之意不在酒。媒体揭露的这些术士，大部分来自草根，却因为掌握了一些"方术"，能够作为"门客"奔走于权贵门下，待诏金马门，借此让自己"上面有人"或看上去有人。而权贵们可以借由这些门客去认识更多权贵，或者用门客的方术作为媒介，去结交更高层次的人物。这比在饭桌上吃吃喝喝的"技术含量"高很多。客观上也助长了这些术士的"含金量"，让其人脉更广，信徒更多，而敛财也就更加肆无忌惮，讲课、开班，不一而足。

这些伎俩其实也都是古人玩剩下的。方士李少翁为汉武帝宠妃李夫人招魂，道士罗公远给唐玄宗捉妖召龙、游玩月宫。李、罗皆凭此烜赫一时。

社会上这些形形色色的术士很清楚，结交权贵是做生意、延声誉、扩交际、赚大钱的不二法门，但这个过程也成了产生权钱交易、暗箱操作、假公济私、道德败坏的沃土。

那些追捧这类所谓"传统文化"的人物，尤其是公众人物，要么是笨，要么是傻，要么就是别有所图。对此，我们不可不察。

【解局】 2017 将逝，但这些案件带给我们的思考不会远去

2017/12/26

巴山夜雨

不知道是不是巧合。

转眼之间，备受瞩目的江歌刘鑫案正式宣判，杀人凶手陈世峰被判处有期徒刑 20 年；八达岭野生动物园老虎伤人案、杭州保姆纵火案在近期都已经进入了庭审程序；而此前引发网络普遍关注的河北"教科书式老赖"黄淑芬也因涉嫌交通肇事罪，被执行逮捕。

这几个案件，无一例外都引起社会激烈的讨论，学界称之为"高曝光度案件"（highly publicized cases）。从普通个案上升为高曝光度案件，除了案件本身的价值，一个重要的因素就是个案被舆论广泛关注，成为公共议程。

然而传媒的发达、网络的普及、民意的沸腾，给高曝光度案件的舆论生成提供了便利，却也在现实中产生了舆论影响司法的种种担忧。

于是，一个有意思的命题横亘在我们面前——司法，该如何面对舆论？

舆 论

在现实社会中，舆论总是同舆情、民意等概念混同在一起。

一般认为，"舆论是公众关于现实社会以及社会中的各种现象、问题所表达的信念、态度、意见和情绪表现的总和，具有相对的一致性（有一定数量规模）、强烈程度和持续性，对社会发展及有关事态的进程产生影响，其中混杂着理智和非理智的成分。"

虽然读起来非常书面化，却明晰地指出了舆论的复杂性：它有理智的成分，也有非理性的成分。因此，简单地将舆论，特别是网络舆论，等同于民意，显然是错误的。因为民意代表着人民的真实意愿，而当下的舆论则有可能被来历不明的"推手""水军"牵引着。

在中国法学家孙笑侠的论述中，没有错误的民意，只有错误地理解民意。所以，在司法实践中要去收集民意、分析民意、理解民意、采纳民意是十分重要的。

不过，现实情况是舆论往往裹挟着民意，并在不断释放非理智的成分，影响着司法的运行。类似的案例并不鲜见。

在舆论的影响下，犯有交通肇事罪的张金柱被以间接故意杀人罪判处死刑，四川泸州继承案放弃了现有法律规则而适用了法律原则，饱受争议的彭宇案放弃了审判而采用了调解程序……

同时，舆论对刘涌案刑讯逼供取得的部分证据无效不满，因为刘涌本身就是"黑社会"；对邓玉娇案定性为防卫过当不满，因为她面对的是"贪官""淫官"；对陈世峰（江歌案中的被告人）、莫焕晶（杭州纵火案中的被告人）表达不满，对他们的辩护律师也不满，因为"替坏人辩护的律师，也应该是坏人"。

民意的表达，有着朴素的正义认知，却往往披上舆论情绪化的外衣，冲动、易变、急躁，有时候甚至"一边倒"地出现群体极化现象，形成对司法工作的压力。

适　应

在这个媒介社会化的时代，司法要想完全避免来自舆论的影响，基本是不可能的。毕竟司法不是"自动售货机"，法官也不是生活在真空中。实际上，自1997年的张金柱案以来，20年来学界和业界一直在为寻求舆论与司法的良性互动而积极努力。

欣慰的是，20年来的诸多案件，也不断让舆论和司法各自变得成熟。比如2017年上半年发生的"于欢故意伤害案"中，我们可以看到：一方面，舆论从感性的认知、情感的宣泄走向了理性的思考，另一方面，司法也从尴尬地躲闪、被动地应对走向了适当地回应和主动地公开。如此，一件件高曝光度案件最终成为一堂堂全民共享的法治"公开课"，这是舆论与司法的共赢。

的确，高曝光度案件的公共性质，激发了公民的权利意识和公共精神的增长，自然也孕育出民众纷繁芜杂、层出不穷的各类舆论。

从社会学上来看，这种社会参与体现出强烈的社会结构性。八达岭野生动物园老虎伤人案体现了对旅游安全的关注、杭州保姆纵火案反映了雇主权益保护、河北"老赖"带来了法院执行难问题的思考……这些问题，有可能关系到每个人，每个人都可能成为野生动物园的游客，雇佣保姆的业主和被"老赖"拖欠的案件当事人。

从内容上看，司法领域的舆论往往来源于民众的朴素正义观和强烈义愤感。前者注定了他们与法律职业精英阶层的认知差异，后者则注入了道德范畴或情绪化的复杂因素。两者合力，形成了对司法的巨大拷问。

司法作为社会正义的最后一道防线，承载着人民对正义与安全的期盼，这是司法前进的方向。对于公众舆论，适应是常态，排斥只是个别例外。在舆论的倒逼下，司法很容易成为"影响性诉讼"中的尴尬角色，但因为这种监督力量，舆论的关注反倒成了推动公正的积极力量。

定　力

对于汹涌的舆论，法官应当心存感激，又常怀警醒。

司法工作具有很强的专业性质，无论社会舆论如何评价，以事实为根据，以法律为准绳，才是法官判断的准则。换言之，舆论与司法的界限是明晰的，审判过程的独立，不应迎合任何势力，包括舆论。

有学者曾专门考察过中国古代司法史，并得出传统民间有所谓"把事情闹大"的诉讼习惯。在"把事情闹大"的动机驱使下，通过各种诉讼技巧来耸动官府成为一种技巧。这与当下不少案件通过媒体、网络和舆论压力引起法院和政府的重视，内在的逻辑是相通的。

纵览最近十多年的高曝光度案件，司法机关面对舆论出现了"害怕""讨好""无视"三种不良情形。一是担心得罪舆论，把舆论等同民意，在"民意不可违"的观念下，屈从舆论压力，并以"司法民主"的幌子来求得心理安慰；二是迁就舆论，放弃司法的职业化和专业化，尽量满足民众的法外要求，以致不惜扭曲法律甚至违背法律；三是对民意无所顾忌，以"维护司法权威"为名，认为舆论都是为了炒作，绑架法官，干扰审判独立，这是一种错误的"定力"。

事实上，在一个具有公信力的司法体系面前，法官应当具有公正的自信、独立的地位和相当的权威。舆论对于高曝光度案件的追踪，只能提高社会关注度。但如果审判的尺度被舆论所左右，反而是法治的悲哀。

当拿起法槌的一刻，法官就应该专注于庭审控辩，依法裁决。哪怕在前一刻，他也是扼腕叹息的读者。

引　导

习近平总书记说，要努力让人民群众在每一个司法案件中都感受到公平正义。

司法裁判作为一种激励机制和标志导向，往往会影响到公众当下的法治心态，也会影响到今后的行为选择。于是，这里的司法裁判不止具有一种定纷止争的诉讼功能，还具有对法治建设和公序良俗的引导价值。

著名法官休厄特也说过："不仅要主持正义，而且要人们明确无误地、毫不怀疑地看到是在主持正义，这一点不仅是重要的，而且是极为重要的。"在高曝光度案件中，每个案件都可以成为法治传播的课堂载体，每份裁判文书都可以成为普法教育的生动教材，每次典型案件情况的新闻通报都可能成为民众行为的遵循指引。

以于欢案二审为例，山东高院不仅运用微博全程直播庭审过程，向群众公开（苏银霞）有无受辱、警方是否存在不作为，而且在裁判文书第一时间发布后，还主动就于欢故意伤害案答记者问，对舆论焦点做进一步说明澄清，统筹兼顾了法律效果与社会效果。

在互联网的时代，高曝光度案件传播面广，影响力大，人民群众关切，这是舆论给司法带来的压力。对此，我们的法院和法官不妨主动通过司法公开和以案释法，转"危"为"机"。

从适应，到定力，再到引导，不失为一条司法面对舆论的渐进性路径。

【解局】大数据面前无隐私，到底谁才是老大哥

火山大狸子

最近，几家大型的互联网企业，都因为数据隐私过得不太安生。

阿里系这边，旗下子公司支付宝被爆出在"年度账单"活动中，靠默认勾选套取用户数据；腾讯系也不消停，先是吉利控股董事长李书福公开质疑微信偷看用户聊天记录，几天后腾讯和广州市政府试推出的全国首张"微信身份证"又被指责"动机不纯"；撇开这两家，号称中国最大的内容平台的今日头条，被质疑利用手机麦克风获取用户数据隐私……

一时间，在数据安全问题上，中国网民陷入了巨大的不安中，而中国的互联网企业则同时陷入深度信任危机中。

说起来，数据隐私是从什么时候开始成为一个严重的社会问题的呢？

隐　　私

不可否认，人类长期有着被隐私问题所困扰的历史。

香港大学法学博士、上海财经大学法学院副教授胡凌就曾指出，自打我们从农业社会逐渐迈入城市商业社会，从熟人社区转向陌生人的社区，我们就更注重隐私了，所以建筑材料被要求更加隔音、窗户

155

要更加阻光，人们也更倾向于生活在大大小小的"鸽子笼"中。

而从信息技术和相关设备发明以来，情况就更糟糕了，不断有人高喊着"隐私已经终结"。你看，相机和摄像头的发明，便利了对人的偷拍和监控；电报和电话的发明则让我们更容易遭到窃听；计算机的发明，让个人隐私传播更加方便；而一定规模的身份证号、手机号码倒卖市场的形成也大多得益于此。从技术上来说，我们痛心疾首的徐玉玉案的根源，也在于此。

但客观上来说，这样的隐私困扰还没有构成对整个社会的威胁。在胡凌看来，它还大多停留在物理层面和空间层面。虽然有相机或者摄像机，但总体而言，国家、商业组织和个人尚不具备大规模搜集个人信息的技术能力，特别是日常信息。

事实上，即便是能搜集，也只能停留在传统的管理人事档案等重要事件上。至多，再加上各类名誉侵犯等纠纷。至于我们这些普通民众嘛，一般机构基本关注不到我们。

世界是怎么产生变化的呢？大概，要从"大数据"悄无声息地"侵噬"我们的生活开始。

"石　油"

不妨以"大数据"的应用为界限，将我们的互联网生活分为前互联网时代和后互联网时代。

很明显，当后互联网时代来临时，一切规则都变了。不妨仔细想想，你的音乐 APP 是不是越来越懂你听歌的心情了？新闻 APP 上，你感兴趣的新闻是不是怎么也刷不完？地图类 APP、打车软件是不是总能准确识别"家""公司""健身房"的具体地址，并且带你完美绕过拥堵路段？

为什么一个机器能做到这样？

一切源于大数据的应用。胡凌指出,后互联网时代的一个重要特征,就是个人隐私和数据可以被更加便利地公开、搜集、聚合、分析和使用,规模之大超出了想象。嗯,至今我们仍无法判断这个过程对人类社会的影响有多大。

简单做个对比,大家都知道,古往今来,掌握客户心理都是商家取得成功的制胜法宝,那么在这个问题上,过去和现在的企业分别是怎么做的呢?不难回想,前互联网时代,无非是问卷调查、电话访问、实地走访、会员卡……且不说想要分发给足够量的用户本身就是个很大的问题,单是这些数据的统计和整合,就是个浩大的工程。

那么后互联网时代呢?诚如《经济学人》所说:数据就是新时代的石油。根本不用企业主动出击,网络大数据几乎可以搞定一切。事实上,我们听的每一首歌,叫的每一次外卖,打的每一次车,都可以被企业获取,成为其海量数据中的一点一滴,然后被拿来做深度的数据分析,转而用于商业中。

当然,从现实环境来说,并不是所有的数据都是石油。大多数时候,只有具备了相当的规模、足够广阔的覆盖面和足够精准的数据源,数据才会有足够的价值。

企业们当然也深谙这一点。不信,你看看各大互联网企业狂飙突进的"圈地"运动。诸如滴滴之类的新兴独角兽正不断靠烧钱、补贴拓展用户数量,而像腾讯、阿里一类的互联网巨头则一刻不停地兼并小的互联网企业,开设各类大数据研究中心,争相变得更"懂"他们的用户。

裸　　奔

听起来非常完美,企业为用户提供便捷、廉价的服务,用户则在享受服务的同时,"顺便"贡献出自己的数据,两得其所。

但问题是，通过科技手段收集来的数据，能像传统的问卷调查一样，淡化甚至完全抹去用户的个人信息吗？换言之，大数据时代，我们怎么去确定，这些企业搜集信息的过程中，不会精准定位到个人呢？

很遗憾，无法保证。

斯诺登事件大家肯定都知道，英国《卫报》和美国《华盛顿邮报》在 2013 年报道，美国国家安全局（NSA）和联邦调查局（FBI）于 2007 年启动了一个代号为"棱镜"的秘密监控项目，直接进入美国网际网络公司的中心服务器里挖掘数据、收集情报，包括微软、雅虎、谷歌、苹果等在内的 9 家国际网络巨头皆参与其中。

其实，早在不同场合，百度公司总裁张亚勤就说过，"斯诺登事件"之后，绝对隐私已经不存在。

物联网的兴起，则更加剧了这种矛盾。如今，任何物品都可以被设计成通过传感器搜集和发送信息的模式了。以智能家居为例，你的家具不仅会记录你的一言一行，还会把这个数据汇集入终端，只要他们想，这些数据可以被"卖"或转移给任何人、机构、组织。否则，你在淘宝网搜索的商品，怎么会出现在当当网的广告推送中呢？

更值得正视的是，我们已经离不开这样一个社会了。根据相关统计，2017 年微信的用户已经超过了 9 亿，支付宝用户已经超过 5 亿，滴滴日均单量已经达到 29.5 万……新经济已经随着现代商业的发展融入所有人的生活中。

而身处这样一个大数据时代，我们除了"裸奔"，似乎别无选择。

边　界

既然无法回避，那就得正视这个问题。

通盘考虑，不可否认的是，大数据技术其实是人类科学发展的必然成果。把钱放到银行安全还是藏在枕头底下安全？通盘考虑，肯定还是前者；为了个人的隐私安全，从此不用移动支付，不点网络外卖，不用网络专车？这大概也没几个人能做得到。

对于政府来说，其重要性同样值得关注。它不仅能帮助提高国家能力，加强对某些领域的监管，还可以对社会群体行为进行预测，防止恐怖行为和骚乱。

不过，这并不意味着它不需要约束。既然我们无法拒绝这个时代，那至少还得有个边界。

2015 年 12 月 15 日，欧盟执行委员会曾通过一份《一般数据保护条例》，被认为是目前国家上最严格的数据保护法律。尤其是巨额的惩罚上限：对于不太严重的违法，罚款上限是一千万欧元或前一年全球营业收入的 2%（两值中取大者）；对于严重的违法，罚款上限是两千万欧元或前一年全球营业收入的 4%（两值中取大者），让很多科技型企业望而却步，也让不少国际互联网巨头吃了亏。

我们当然不是要简单照搬这么严苛的法律，毕竟，对于发展中的事物还是需要一些耐心和信心，而大数据更是可以上升到国家战略高度的事物。但是平心而论，中国对数据安全的立法，的确需要跟上了。

比如，关于数据的所有权和使用权分离的问题，就非常值得关注。打个比方，用户用微信聊天，这个聊天记录是属于用户还是平台；获取聊天记录需不需要本人同意；平台在未告知本人的情况下将聊天数据用于商业用途，该怎么定义这种行为？这一切都亟待相关部门出台相应的法律和制度。

而这，既关乎商业伦理，更关乎每个人的切身利益，绝不容忽视。

【解局】小凤雅的慈善困局

2018/5/27

巴山夜雨

2018年5月4日，王凤雅去世了。

这是一个河南太康县的小女孩。她与病魔战斗了8个多月，在这个世界上生活了不到3年。

2017年9月，她被查出患有视网膜母细胞瘤。确诊后，她的妈妈杨美芹在多个平台展开众筹，呼吁网友为女儿捐款。在其中一条募捐视频中，可怜的小凤雅艰难地转向妈妈的镜头，没说疼，没说难受，只是呼喊了一声"救我"，催人泪下。

网友的关注，让爱心汇聚，善款筹集得也很顺利。然而，一场爱心事件却在接下来演变成一场沸沸腾腾的争议。

争　　议

争议，集中发生在孩子家长和爱心人士之间。

在爱心人士看来，杨美芹在筹得善款后，没有救治眼球已脱出眼眶的女儿，反而去北京高端民营医院为儿子治疗兔唇。期间，在医院告知"还有救"及爱心志愿者上门强烈要求的情况下，杨美芹曾带凤雅到北京、郑州的大医院求医，但均以"放弃"结束。小凤雅去世后，家属没有透露筹款金额和剩余资金，并拒绝退还。

一时间，杨美芹等家属成为网上的众矢之的，不断有人通过手机、电话、微信、微博来诅咒她。

身处舆论旋涡中的杨美芹，直到今天才进行了正式回应。她说："网友说，用了他们的钱，必须带着孩子去北京的大医院。""你必须去，孩子死也要死在北京。"

后来在公益组织、当地政府等机构的陪同下，小凤雅先后在北京、郑州和太康县就过诊，但都时间短暂。公益组织指责杨美芹未对凤雅尽心治疗。杨美芹回应称，志愿者带她们到了北京儿童医院后，根本没有床位，不接收。在郑州时，不能手术，不能化疗，"我感觉我已经陷入了无底洞"。最后县医院的重症监护室不接收，"我再也不想去大医院治疗了。折腾来回，孩子没有得到治疗，还不如在乡里，我伺候到她断气"。

于是，小凤雅最后只能在张集乡卫生所接受治疗，通过输入生理盐水维持生命。此时，小凤雅已经奄奄一息，细胞瘤压迫形成"猫眼"，已经遮住了小半边脸。

质　　疑

与此同时，相关质疑也在不断扩散。主要是围绕善款。

第一，善款筹集了多少？

有媒体报道，家属自2017年10月通过水滴筹发起过两次网络募捐，但募捐金额却没有共识，有的报道总计3.8万余，有的则称有大约15万元。因此，不少网民认为，"肯定有大量剩余捐款，不能被杨永芹吞了"。

警方的调查显示，小凤雅的家人，通过水滴筹、爱心人士微信红包、火山小视频直播打赏三种方式，共获得善款38638元。其中，水滴筹获得捐款35689元，这一点得到了水滴筹的官方证明。此外，他们还通过后面两种方式获得善款 2949 元。

第二，善款用哪儿去了？

不少自媒体文章称，善款被提取后，被用来给小凤雅的哥哥去北京治疗兔唇了，这是典型的重男轻女。甚至有文章直接以《用姐姐诈捐 15 万治弟弟的病》为题来报道事件。但小凤雅的爷爷表示，给孙子的治疗是在 2017 年 4 月份，凤雅患病之前，不可能挪用善款。

但随后，北京嫣然天使儿童医院表示，"术前检查和手术都是全部免费的，家属只需要承担往返交通和住宿费用"。杨美芹也否认重男轻女，"村里人觉得我家女儿多，想领养一个，我坚决回绝了"。

第三，善款剩余了多少？

王凤雅去世后，多名网友质疑其家人所筹资金并未全部用完，并要求他们公布筹集资金去向。

对此，杨永芹回应称，"孩子日常的用药、保守治疗。尽量给凤雅买最好的奶粉，买几百块的。后期她什么东西也不吃，只喝奶粉。"最新消息是，2018 年 5 月 25 日下午，在当地政府、水滴筹、媒体等的陪同下，王凤雅的爷爷王太友将所剩余的 1301 元善款交到了当地慈善会。

至于是否存在消极治疗，目前尚未有相关方予以回应或认定。

沟　　通

相关质疑澄清后，有评论指出，"永远正确的公益人士们，你们欠小凤雅一个道歉"。

这种判断，也指出了小凤雅事件，很大程度是建立在孩子家长与爱心人士的沟通差异上的。

对于一个没有多少文化的农村妇女来说，当她走选择网络募捐时，一条鸿沟可能就已经产生了。

对于网络上指出的"视网膜母细胞瘤有很大治愈可能",她接收到的信息只是"很多专家说,虽然网上说治愈率高,但那是针对单眼的情况。凤雅双眼都有肿瘤,治愈率很低。""我给郑州的一位医生发照片过去。医生对我坦诚地说,如果选择治疗,存活率只有几个月"。

对于慈善捐款的专款专用,忙于奔波的她或许根本无暇估计,于是会出现买奶粉忘记索要发票的现象;对于凤雅的治疗,她选择"拔掉了管子",可能仅仅因为"脸全白了,一直发烧。孩子就算死了,也不能挂着针死"。对于网上众口一词的指责谩骂,如果不是有媒体实地采访,这个不会写字的妈妈,也许根本没有机会回应。

于是,在沟通方面存在的差异,衍生出双方的互不信任。而当这些碎片化的信息经由网络传播后,又引燃了公众情绪,并随着事件的进展、反转和澄清,不断地翻转起伏,有时候甚至忘记了慈善事业规范的重要性。

规　范

2016年9月1日,《中华人民共和国慈善法》开始施行。

《慈善法》规定:本法所称慈善募捐,是指慈善组织基于慈善宗旨募集财产的活动。可是,对小凤雅的捐款,是杨美芹个人发起的。因此,并不属于《慈善法》的调整对象。

2017年8月1日,民政部公布的《慈善组织互联网公开募捐信息平台基本技术规范》《慈善组织互联网公开募捐信息平台基本管理规范》两项推荐性行业标准正式实施。两项规范指出,个人为解决自己或者家庭困难,提出发布求助信息时,平台应有序引导个人与具有公开募捐资格的慈善组织对接,并加强审查甄别、设置救助上限、强化信息公开和使用反馈,做好风险防范提示和责任追溯。

对照下来,杨美芹使用的"水滴筹"等平台,应该承担信息公开、使用反馈，乃至责任追溯等工作，给捐赠人一个明确的交代。目前，"水滴筹"已经派人和律师赴当地协助有关部门调查。

不过，相比瞬间引爆的舆论，网络平台的动作则显得滞后。这实际上也暴露出慈善组织互联网公开募捐，有待进一步规范化的紧迫性。的确，当越来越多的人，选择互联网募捐平台，甚至某些不具备募捐资格的视频网站时，是有必要推进网络募捐立法了。

有人表示，慈善是美德的体现，源于爱心和信任，一旦引入强制性、约束性的政策或法规，是对慈善的侮辱。这其实是大错特错。"善心不可欺"是社会良知的底线，正是郭美美事件、罗一笑事件以及其他慈善事件暴露出的争议，我们才明白：良法是善治的前提，只有慈善事业的规范化，才能保障捐赠者的权益，才能提升人们对于慈善机构乃至慈善事业的信心。

因此，立法部门不妨以小凤雅事件的争议为样本，进一步规范民间的公开募捐行为，强化财产管理、信息公开和过程监督，落实法律责任，深化善款使用的"唯一性"原则。

诚　实

慈善的热度，代表了一个社会爱心的温度，也显示出一个国家文明的程度。遗憾的是，慈善在上述的案例中表征出的争议，恰如一枚硬币截然不同的两面。

面对已经离世的小凤雅，我们无意去追究双方当事人谁在说谎，谁没有诚实的品格。我们期待用完善的立法来规范日后的争议，却也不能忽视慈善体现的道德内涵。相关研究表明，作为全世界最早出台慈善法的国家，英国的慈善事业靠法律，更靠自律。英国有募捐标准委员会、募捐协会、公开募捐监管协会三个非政府性机构致力于行业自律。

行业自律是行业道德的外在体现。就中国慈善事业深厚且广泛的民间性来说，我们更希望法治与道德的并重。毕竟，法律是最低限度的道德，道德是最高程度的法律。面对慈善事业中的爱心涌动，我们坚信法治与道德都是不可或缺的因素。

我们不希望仅从法治层面去规范双方的行为，但是法治是慈善事业的保障。我们不希望仅从道德层面去检视双方的行为，但是道德又是慈善事业的基础。捐赠人以道德来表达爱心，受赠人也应该以道德来规范自己的行为，双方的行为均应纳入法治的框架，这是对道德的起码敬畏，更是慈善事业取得尊严的有力保障。

这恰如西塞罗所言，"没有诚实，何来尊严"？

【经济ke】抢人大战如火如荼，各地究竟在焦虑什么？

2018/5/30

李永华

21世纪什么最贵？人才。

14年前，葛优在电影《天下无贼》中说出这一经典台词的时候，恐怕很难想到，今天这句话会被再次炒热，变成了各地抢人大战的一个精彩注脚。

2018年上半年以来，各地抢人大战如火如荼，武汉、杭州、成都、西安、宁波、南京、海南、天津等几十个地方的落户门槛一降再降，有的城市甚至给出了近乎"零门槛"的落户政策。买房打折、租房补贴、落户降标、项目资助、一次性奖励等，意图更多人才落户本地。

在此背景下，也催生出各地房地产的"热闹"景象——有些地方交500万才有摇号资格，万人排队抢房；开发商狂热竞拍抢地，各地新地王再现，刷新纪录；从海南到杭州，再北上丹东，炒房博士高喊"布局全国的伟大机遇期，已经到来！"的口号，应者云集，四处征战。

抢！抢！抢！各地焦虑指数飙升爆表，这都是怎么了？

抢　人

2018 年 5 月 16 日，低调多年的天津凭着"海河英才"计划抢了头条，一举成为去年以来全国各地"抢人大战"的集大成者。

天津宣布：本科生不超过 40 岁，硕士不超过 45 岁，博士不受年龄限制，直接落户。战略新兴产业急需型人才，由企业家自主确定落户条件，政府照单全收。

有些人条件不够怎么办？不着急，有通道，对技能型人才也有掌声和鲜花。什么是技能型人才？高等职业院校毕业并工作满一年，中等职业院校毕业并工作满 3 年即可。

对此，"经济 ke"不好妄评。

然而，没有最好，只有更好。仅 3 天后，2018 年 5 月 19 日，河北秦皇岛市抛出更大的人才安居政策：落户算个啥，市政府自掏腰包给住房补贴。

例如，被列入 D 类人才的硕士、全日制大学本科生及其他各类实用型高技能人才，租住人才公寓的租金，个人负担 40％，政府和用人单位各负担 30％。

抢人大战愈演愈烈，其背后的逻辑值得探讨一番。

抢人期间，各大城市最能拿得出手的理由，除了前文提到的葛优经典自问自答外，还有对常住人口的担忧。不少专家援引统计数据称，全国不少城市近几年出现常住人口净流出的情况，长此以往，城市会有衰落的危险，不得不未雨绸缪。

事实是这样吗？这儿有一组数据或许可以看得清楚。

武汉，2017 年常住人口比上年增加 12.67 万人，全市常住人口 1089.29 万人；隔壁的长沙，2017 年常住人口增量为 27.29 万人。

这是"抢人"政策的效果吗？不！在未加入抢人大军之前的

2016 年，长沙新增常住人口 21.34 万人，略少于 2017 年。更长周期看，武汉 2000 年常住人口 804.81 万人，18 年间净增长 284 万。

如果不是担心人少了，那又是为了什么？

各城市抢人大戏的上演时间，或许就是答案。

据《中国经济周刊》报道，2017 年 3 月，长沙开始加码楼市调控政策，"限购、限卖、限价、限商"，房价涨幅一度得以遏制。然而，同年 8 月 20 日，长沙加入抢人的队伍后，人才新政直接打破颁布刚 3 个月的限购资格政策。当时，一位杭州来的炒房客就说："（长沙）政府信号很明确，允许人才进入长沙并鼓励买房"。

"经济 ke"翻阅各大城市为人才开出的礼品清单后发现，除了低门槛落户给购房资格，购房租房给补贴外，再没有其他的大招。人才来了以后，怎么留住，更鲜见只言片语。

2017 年，武汉提出"大学生 8 折购房"。2018 年 5 月 21 日，武汉首个大学生 8 折购房楼盘——"临空港青年城"开始接受登记，可是看地图就能发现，如果买了这里的房子，去武汉城区上班那就相当于出了一天差。

抢人政策对楼市的效果立竿见影。据"房天下"2018 年 5 月 25 日更新的天津二手房楼盘涨价榜，前五位环比涨幅最低 20.96%，最高可达 45.12%。

正如中原地产首席经济学家张大伟所说——过低门槛以及与楼市直接挂钩的人才引进政策，吸引的可能仅是限购政策下的购房者，甚至是炒房者。

抢　　房

"有人斯有土，有土斯有财"。一切都在按照古老的逻辑运行。

2018 年 5 月 26 日，深圳一楼盘称，要取得摇号资格，需要缴纳

500万元的诚意金。而且总价数千万的房子，选房时间只给2分钟。什么鬼？大妈买根葱还挑拣好几回呢！

火爆的当然不止深圳，杭州也出现了万人排队摇号认筹场面，如果买下一套100平方米的新房，对比周边二手房就净赚100多万。

据报道，长沙的北辰三角洲开盘，631套房，5151人摇。一位姓鲁的幸运者喜形于色，"摇到一套140平米的，一把赚了70万"，该楼盘一二手房价格倒挂5000元/平方米。

对此，不少人疑惑，"房住不炒"定位之下，各大城市都限购，哪里来这么多有资格的刚需，还有一大把外地人？

只能说，见识限制了想象力。一个朋友说，本科在手，炒房无忧。他还说，别以为中介只是卖房子的，全国各大城市疯狂引进人才的当下，中介有各种落户神器。

一张刚需票，十万雪花银。这当然少不了内部人的助攻。

湖南媒体2018年2月份报道，长沙一派出所辅警利用经管账户，收钱帮百人办户口。某楼盘营销总监透露，光是他手头的"关系户"都300多个人，但相应的房源是400多套。只要摇上号，再转手出去，至少是20万元的收益。

2018年5月24日晚，网络爆料西安某楼盘很多房源已经被包括建设、规划、房管、土地、供电等与房地产关系密切的单位人士内定。5月29日，西安官方回应，的确有公职人员向开发商打了招呼。

但奇怪的是，楼市如此火爆，房价却似乎波澜不惊。如果谁说某城市房价暴涨，各城市总有人出来说，我可不背这个锅。不信，上数据！

国家统计局公布了全国70城的2018年4月房价，新房价格持续稳定，南京、上海、武汉等7个城市的新建商品住宅销售价格环比下降。跟2017年同期比，北京、上海、南京、杭州有10个城市的新房价格下降。

对，你没看错，下降。涨幅最大的是成都，但也只是环比上月房价上涨了 1.1 个百分点。这一年里，涨幅最大的城市是西安，也不过区区 11.12%。

据"经济 ke"最近知晓的一个控房价小秘密，一个楼盘想在各部门手里把预售价格批高一点，就要找一家同区域的低价盘做对冲，以免拉高所在区域的新房价。至于怎么操作，学问太大。

抢　　地

疯狂抢购之下，各城市曾经高企的房地产库存迅速出清，一些地方已面临无房可卖的境地。

易居研究院数据显示，2018 年 3 月份，100 个城市新建商品住宅只需要 10.5 个月就可以全部卖完。据报道，长沙市区住宅去化周期仅为 2.8 个月。湖南省住建厅催促国土部门赶紧供地。

购房者无房可买，开发商则无地可买，一二线城市只要放地，就被哄抢，被垄断的土地还在持续涨价，新地王此起彼伏。2018 年 5 月 29 日，300 多轮竞价，香港恒隆地产 107.3 亿元拿下杭州地王，楼面价拍出了 55285.39 元 / 平方米的高价，溢价率 118.5%。这只是一个缩影。

抢地的后果，是各房企节节攀升的负债率。今年一季度末房企资产负债率上升至 79.42%，房企负债率创下 13 年新高。

不举债买地也不行，房地产业内都清楚，没有足够的土地储备，就会被市场迅速淘汰。各房企的焦虑也在升级。

前不久，一个曾经的开发商感慨地说，"像我们这种实力的企业，根本不敢去二线城市，甚至是三线城市拿地，人家（地方政府）根本不拿正眼瞧你。"

在他口中，自己跟贫下中农一样苦逼。想当年，他曾在某三线城市的房地产业坐着扛把子的位置，如今的身家也超过 10 位数。

地好卖，各地政府收入节节高。中原地产研究中心统计数据显示，2018 年 3 月 50 大城市土地出让金高达 9233.3 亿元，比 2017 年同期的 5823.7 亿元上涨 58.5%。

土地财政有多重要？在不少城市，土地出让金收入与一般预算收入相当。2017 年，武汉土地出让金总收入为 1504 亿元，超过一般公共预算收入 100 亿元。

如果房价下跌，土地卖不出去，那会怎样？不夸张地说，简直就要了老命。地方也很焦虑。

2017 年底，中部某县一位刚离职的官员私底下告诉"经济 ke"："负债太多了。2016 年卖了两宗地，今年卖了一块地，老板都快急死了。县里面除了医院没有抵押，其他可以抵押的资产都抵押出去了"。

更可怕的是，他透露，为了筹钱，当地甚至造假发行城投债，已经开工建设一所高中校园的地块也被换了个名字，另做一本国土证抵押了。他担心，如果土地再卖不出去，抵押的土地价格下跌，银行逼债，政府信用违约，那可麻烦大了。

这个中部小城绝非个案。2018 年 5 月 19 日，十一届全国人大财政经济委员会副主任委员贺铿公开表示，"国外机构估计，我们的地方债大概是 40 万亿，这应该是合理的，不高，但是地方政府就没有一个想还债的，现在要让他还债，他说我工资都发不出来，财政困难得很，怎么办？所以现在欠的这些债不说还本，还息许多地方都还不起"。

不过，今时不同往日，中央明确地方债打破刚性兑付，谁犯的错谁担着，中央可不负责兜底。

武汉市 2017 年 8 月公布的《武汉市政府性债务风险应急处置预案》

称，如果出现比较严重的债务风险，就不能新上投资项目，公务员出国、接待、培训费用"零支出"，机关单位暂停招人……

2018 年 5 月 16 日，也就是天津公布"海河英才"计划当天，天津最大的国有房企天房集团爆出 1800 亿元债务违约警报，天房集团虽快速声称已与债权方协商还款，但市场也只是惊魂稍定。

而这些，也成为各城市抢人大战的一个注脚。

【解局】六安教师集访事件背后的基层治理困境

2018/5/30

吕德文

【侠客岛按】

沸沸扬扬的六安教师集访事件持续在网络发酵。

事情并不复杂。2018年5月27日上午，一则安徽省六安市部分学校教师，集体向当地主管部门"讨薪"的短视频，在网上传播开来。视频中，教师还与民警发生了冲突。辛勤的园丁被拖欠工资？还与民警起冲突？裹挟着这样两种情绪，这一事件在网络上不断被传播，长期占据微博热搜。网友们也纷纷对此表示愤慨，指责地方政府涉嫌违宪违法，当地警察有辱斯文。

事件发酵了两天后，29日傍晚，六安市政府终于作出正面回应。此前，当地公安局、政法委也对此作了回应。

事已至此，相信当地政府正在尽力化解矛盾。不过，管中窥豹，此事其实深刻展现了新时期社会主要矛盾的变化，以及矛盾化解的困难所在。

一言以蔽之，基层治理现代化任重道远。

对此，我们请到了有着丰富基层调研经验的武汉大学中国乡村治理研究中心研究员、博导吕德文，请他谈谈自己的看法。

焦　点

就事论事，为什么会存在所谓的教师集访事件？

当地政府在通报中直接指出：本次集访的诉求为"要求发放一次性奖励"。这一点，同集访教师所说是一致的。

所谓一次性奖金，即行政机关、企事业单位等扣缴义务人，根据全年经济效益和对雇员全年工作业绩的综合考核情况，向雇员发放的一次性奖金。对此，安徽省也颁布了相应的政策。

根据公开资料：

为严肃收入分配政策，规范收入分配秩序，经省委、省政府同意，从2016年1月起，安徽省人社厅会同财政厅对驻肥省直机关事业单位一次性工作奖励进行了规范。同时，按照分级负责的原则，省辖市可结合各自经济社会发展状况及相关规定对本地机关事业单位的一次性工作奖励予以规范。

请注意，这里提到了很重要的一点，"结合各自经济社会发展状况"。也就是说，这个政策在执行的时候，不同区域是存在尺度和时间差异的。

从媒体透露信息看，2017年底，合肥、芜湖等财政条件较好的地方，已经对教师兑现了一次性工作奖励。数额还不小，每年35000元左右。而其他地区限于财力不足，暂时还没有实施。

此外，不同群体之间，执行的尺度和时间也不一样。如文件规定：一次性补助是针对省直机关事业单位的，其受益主体是政府公务人员。但对于省辖市而言，主要的受益群体却是医生、教师。事实上，绝大多数中西部农村地区，其财政负担主要是这两个群体。

对于诸多"吃饭财政"的县市而言，先补助公务员，再补助教师，分步实施，或许是一个极其普通的操作。正因为如此，随手搜索

一下教师维权事件，你会发现，他们大多发生在县市一级。比如，在
2014年到2015年，湖北、黑龙江、河南等地都先后发生过类似事件。

从岛叔的调研来看，普通中西部地区教师和其他公务人员的工资
通常为3000—4000元/月。比如，前段时间安徽歙县上班时间跑滴
滴被抓的副镇长，自曝每月工资就3000元左右。可见，安徽省的这
次利益调整不仅涉及面大，且程度深。统一的政策差异化执行，当然
会引起受损群体（显然主要是农村教师）的反弹。

其实，早在2017年11月8日，安徽就发生过类似事件。巢湖四
学校约80名教师到巢湖市政府集体上访，要求与当地公务员同等享
受"一次性工作奖励"。据媒体报道，安徽省教育厅直接介入此事，
并专门给省政府写了一个报告。

可见，六安教师集访事件，并非突发事件；亦非毫无预警。就逻
辑而言，只要利益调整不到位，事件就有发生的必然性。

困　　境

不过，六安集访事件折射出的基层治理困境，却不得不引起我们
重视。

最突出的，就是政策统一与区域差异之间矛盾。其实，不单单是
教师待遇，其他很多政策，到税费改革以后，都越来越具有"国家化"
特征，强调政策统一性。问题是，各地的经济发展水平很不一样，短
时间内统一执行肯定会有困难。

但是，与以往不同的是，现在是一个信息社会，一个地方执行
了，另一个地方不执行，就一定会出现不公平感。因此，矛盾就出现
了。对于地方政府而言，从政策执行的有效性看，分步骤、渐进式、
差异化地执行，是合理的；但从政策执行的公平性来看，这一做法已
经不现实。

基层待遇问题，也是公众关注的重要焦点。这次事件中，教师最根本的出发点，就是提高收入。不可否认，很多地方的基层公务人员及教师、医生，待遇确实比较差。

不过，问题也要一分为二地看。一方面，横向比较，中西部地区的基层公务员，以及老师、医生等待遇差，是普遍问题；但另一方面，无论是从待遇还是社会地位来说，公职人员在当下都算是社会精英，其生活满意度并不算低。

所以，提高基层待遇没错，但也要客观理性看待。如果在地方政府无财力承担的情况下，一定要比照发达地区和城市，其实也有问题，很容易人为制造其他社会矛盾。须知，在这次事件中集访的六安老师，讨的并非是拖欠的工资，而是新增的一次性工作奖励。这对老师而言是新增利益，但对地方政府而言，却是一笔额外财政负担。

性　　质

从这个意义上来说，六安教师集访事件，本质上是维权事件。

几个特点可以佐证。一方面，集访的教师展现了极强的权利意识。就目前的信息看，他们并未使用传统意义上的"诉苦"等底层话语，而是选择了权利话语。

其次，他们还有很强的组织性。合理推断，六安教师集体上访不是第一次，事前也应该和相关部门沟通过。此次事件中，市政府有关负责同志已然现场接访，但最终事情还是"闹大了"。

再次，上访教师具有明确的"法人"意识。过去，很难想象体制内的人员会聚集上访，因为所有诉求都在组织内部解决了。但在开放社会中，哪怕是组织成员，也有独立行动、对自己行为负责的权利。且，组织不能随意干涉其合法行为。

这种改变，其实深刻展现了我国社会转型期的一些特征。

为什么这么说？

在税费改革之前，乡村教育主要依靠农业税费统筹解决。哪怕是教师经常被欠薪，且时有上访事件发生，却很难说这是一个权利问题。因为，对于当时的教师而言，"讨薪"就是讨口饭吃。这个道理同样适用于别的利益群体。因此，地方政府化解社会矛盾的唯一办法，就是发展经济，增加财政收入。

但随着农村税费改革，农村医疗、教育等社会事业的发展，加上政府运转主要依靠财政转移支付进行，在很大程度上化解了地方政府的财政压力。与此同时，社会各个群体的生活水平也得到了极大提升。教师群体，无疑也受益其中。

问题在于，当各个利益群体的吃饭问题得到解决，权利意识已然觉醒之时，很多中西部地区的财政仍然是"吃饭财政"。"吃饭财政"下的地方政府，其回应社会诉求，调配各利益群体的关系的能力，显然是比较低的。从六安集访事件中可见，教师的诉求，是参照别地标准，与当地公务员同等享受"一次性工作奖励"，且援引了相关法律法规，对当地政府的处理能力要求很高。

在这个意义上，我们可以理解教师的权益诉求，但将之想象成是一种底层反抗，并不科学。

解　　决

六安市委市政府已专题研究此事。一是对集访处置问题进行调查，了解警察执法是否合法合规；二是开展大走访活动，了解教师诉求。

这两点，都值得说道说道。

这次事件中，同样被推上了风口浪尖的，还有警察执法问题。对警察在集访处置中的过程进行调查，显然是必要的。但是，需要明确的是，警察并非集体上访事件的负责者。

众所周知，警察的主要职能是维持公共秩序。并且，在执法现场中，警察拥有执法权威。如果警察的职务行为有不规范之处，那也是事后追究的事情。因此，不能因为警察的执法对象是上访教师（而非其他人），且存在执法冲突，就判断其有辱斯文。

事实上，根据我们实地的调研发现，警察权益所受到的侵害（不公平感、待遇等），一点也不比别的群体差。所幸的是，公安机关是一个纪律部门，其政治性和组织性都比较强，不至于为了个人利益和群体利益而罔顾大局。正因为如此，其执法尊严尤其应该得到尊重。当然，如果执法过程真有违反规范的地方，相关责任人应该承担责任。

最后，大走访活动当然是应该的，本身也是地方政府利益调配的工作方法。但从根本上说，地方政府可能更需要客观看待利益群体已然分化、社会矛盾已然转化的现实。

与此同时，对于决策者来说，加强政策科学性至关重要。尤其是涉及利益调整之事，更应量力而行。基层是一线处理事务的主体，上级政策在制定政策时，多让基层参与，听取基层意见，或许会减少不少矛盾。

根据岛叔多年的田野调查，如今因为利益分配不公平所致的社会矛盾大幅度提升，这是值得深思的问题。

【经济^{ke}】谁推高了三、四线城市的房价？

2018/7/1

李永华

关注地产行业的岛友，料想不会错过 2018 年 7 月初地产股暴跌的新闻。

碧桂园，2018 年 6 月 26 日一早跌幅超过 8%，短短四天内市值蒸发 800 亿元；同日，中国奥园、雅居乐、新城发展控股跌超 6%，中国建材跌近 6%，融创中国跌 4.81%，中国恒大跌 2.73%。

地产股为何集体暴跌？

一则有关棚改的消息是关键：棚改项目审批权收回至国开行总行。所谓"棚改"，是指为改善困难家庭住房条件的城镇危旧住房改造工程。

那么，棚改项目审批权的上交同房地产有何关系？是否真如市场传言，棚改货币化安置推高了三四线城市房价？三四线城市房价还有没有春天？

这件事情有嚼头，要好好琢磨琢磨。

实　例

说一千道一万，当事人现身说法最真实。先来看一则某地产公司在某中部三线城市 2017 年初的广告。

"今年市定目标任务是 3.04 万户，征收房屋 430 万平方米，计划投资 265.17 亿元，动迁 15 万人！什么？感觉 3.04 万户、15 万人只是个数字，和自己没什么关系？那咱们拿去年的事实说说话。2016 年棚改推动房地产去库存 7000 余套。

"对！就是这个数字！是不是感觉今年又可能有大批的棚改户加入买房大军？是不是感觉房价又会变动？贴心的我劝你哈，买房莫要犹豫观望，看准了买了就 OK！"

顺便备注一下，这座 2017 年棚改就动迁 15 万人的中部城市，城区人口数量只有 100 万多一点。

不消多说，棚改之于当地楼市的意义已然明了。

该城市一位居民告诉"经济 ke"，三四年前，这座傍水而居的城市房价只有三四千，人均月工资也是这水平，生活很惬意，压力也不大，"盖了很多房子，卖不出去，大家也不着急买，房价有一阵子还下降"。

房地产库存高企，土地就卖不出去，依赖土地财政的地方政府想必急坏了。

撬　　动

怎么办？

必须把手头的存货清仓，接着再卖地，卖新房子，要不，这生意就做不下去了。卡住脖子的难题是，谁来掏钱买单？靠当地居民家里可掏不出更多的钱。那么，钱从哪里来？谁来撬动这个支点？

棚改货币化安置的定向宽松（PSL）如期而至。

2015 年，国务院推出棚改三年计划，要求积极推进棚改货币化安置，以缓解和消化商品房库存。棚改规则逐渐转向为货币化安置，也就是说拆迁之后不给房子给现金，拆迁户自己再去买房子。

恒大集团首席经济学家任泽平认为棚改是一石三鸟之计："棚户

180

区改造不仅改善民生、改变城市面貌，也创造住房需求、拉动房地产投资，是未来 5 年支撑房地产行业发展的核心变量之一"。

中国社会科学院金融所房地产研究中心主任尹中立毫不讳言："棚户区改造货币化的初衷是房地产去库存。"

从此前的实物安置改为货币化安置是其中关键，而 PSL 又是核心环节，并被不少地方政府视为如意法宝，放大到极致。

具体怎么操作呢？还是以上述的中部城市为例，政府规划一批棚改项目，向政策性银行申请专项贷款，国开行再通过 PSL 拿到央行资金。贷款到手，地方政府通过货币化安置向棚户区居民发放补偿款，棚改拆迁户拿着拆迁款，欢天喜地买新房去，比如上述所说的做广告的大公司。

这里说的政策性银行主要就是国开行。公开数据：截至 2017 年末，国开行累计发放棚户区改造贷款 3.4 万亿。在回应几天前的消息时，国开行说截至 2018 年 5 月末，今年发放棚改贷款 4369 亿元，有力支持了棚改续建及 2018 年 580 万套新开工项目建设。

占比有多大呢？住建部副部长陆克华曾透露，2016 年全国棚改货币化安置比例达 48.5%，比 2015 年提高了 18.6 个百分点。另有数据：2017 年我国各类棚户区改造开工 609 万套，完成投资 1.84 万亿，棚改货币化安置比例高达 60%。

三年棚改计划之前的 2014 年，棚改货币化安置比例是 9%。

效　果

效果如何？

仅 2016 年，棚改货币化安置可以从市场上购房 2.5 亿平方米。当年全国住宅销售面积 13.75 亿平方米。再算算，这 2.5 亿平方米主要集中于三四线城市，其效果就更加可观了。

如此大手笔，库存被快速消化，甚至不得不加快供地。

2018年5月初，"经济ke"拿到一份《湖南省住房和城乡建设厅关于各市州中心城区、各县市商品房库存去化周期的函》显示，衡阳城区的住宅去化周期只有5.5个月，株洲茶陵县仅1.4个月！什么意思？按照当时的销售进度，茶陵县1.4个月后就没有房子卖了。

无独有偶，湖北省住建厅2018年6月4日也发文警示住房库存消化周期不足6个月的城市做好工作，遏制投机炒作。如今，宜昌、徐州、西双版纳等城市都已加入限购的行列。

当然，此时的地价已非吴下阿蒙。在湖南衡阳，2017年商住用地出让最高单价突破756万元/亩。2014年12月，当地土地最高单价是261.4万元/亩，三年近三倍涨幅，飙升幅度之大，让人瞠目。

面粉贵了，面包自然跟涨。2014年，衡阳住房均价为3880元/平方米，同比下跌5.5%。然而，2017年衡阳最贵地块的楼面价已达3700多元/平方米，房价超7000元/平方米是常态，八九千也不稀奇。

原本为房子太多卖不动而发愁的那个中部小城，房价也昂首挺进"万元户"行列。

不过，这里有个小疑惑。按照定义，城市棚户区是指在城市规划区集中连片简易结构房屋较多、房屋密度大、基础设施简陋、房屋年限长、功能不全、安全隐患突出的区域，包括城市棚户区、国有工矿棚户区、国有林区棚户区和国有林场、垦区危旧房等，后来棚改还扩展到了集体土地上的城中村改造。

棚户区是历史欠账，也是城市伤疤。从2008年至2016年，全国棚改已累计使8000多万住房困难群众"出棚进楼"，相当于德国的总人口。这无疑是伟大的民心工程。

快速推进后，一位开发商人士直接告诉"经济ke"，"这么多年，城市化建设非常快，城市棚户区其实在迅速减少，一二线城市的棚户区已经不多了"。

棚户区不够用怎么办？西部某市经信委的一位处级干部说，放着这么好的政策不用不可能，没有条件，创造条件也要上。

于是，棚改这本民心工程的真经到了某些地方就念歪了。比如，有网友爆料，2016 年，江西九江某区 38 栋别墅型商住楼（100 余户）也要进行"棚户区改造"。

可以肯定，这并非孤例。

淡　出

不过，怪象出现，却也是棚改货币化安置政策逐步淡出的征兆。

2017 年政府工作报告指出，支持农民工在城镇购房，提高棚改货币化安置比例，房地产去库存取得积极成效。三句话的顺序和逻辑结构均有看头，倒推解读，去库存目标已实现，棚改货币化安置的手段自然没有保留的必要，接下来亟待处理的是房价高企带来的风险。

尹中立也撰文称，三四线城市的居民收入水平低，用去库存的手段刺激购房，金融风险已经隐现。对于房价涨幅居前的三四线城市，应该停止土地拆迁的货币化补偿政策，减少或停止棚户区改造的货币化安置。

上述中部城市住建局 2018 年 4 月称，当地 2018 年比 2017 年的棚改计划小些。2017 年棚改计划中心城区征拆户数 30440 户，2018 年棚改计划中心城区征拆户数 13448 户。

中国社会科学院世界经济与政治研究所经济发展室主任徐奇渊测算：2018 年 2 季度 PSL 增量与去年同期相比，增速几乎为 0。

连乡镇都不放过的恒大、碧桂园们或许确实到了回撤的时候。至于被断粮的三四线城市房价，且行且看。

【解局】认真聊聊贸易反制对中国和民众的影响

2018/7/11

梅新育

【侠客岛按】

自美国挑起贸易战、中国被迫应对开始，国内的讨论热度始终很高。毕竟，这牵涉到世界上两个最大经济体，更牵涉到市场、民众、生活与信心。

一直有岛友在后台给我们留言，想听听岛叔对于贸易战可能对中国产生多大冲击、如何影响普通民众生活的分析。有人还说，你看人美国商务部列出的几千项清单，明明白白告诉其民众中国对他们"危害"有多大，但中国为什么不做这样的事情？对美加税反制难道不会拉高消费品的价格吗？

这是个专业性很强的技术活儿，于是我们再次邀请到了专门研究经贸问题的岛叔来作答。（就在本文发布前不久，特朗普的 2000 亿美元征税清单又出来了，号称至少两个月后实施，实则于 9 月 24 日落地。）

简单来讲，美国挑起贸易战，中国反制，要承受的最大直接冲击在于对美出口增负。我方反制，对部分进口美国商品加征关税，也有可能给我们的下游厂商、消费者带来一些负担。

中国能否承担贸易战带来的冲击？我们可以从宏观和微观两个

层面分析。如果你觉得宏观分析看多了，可以直接拉到微观技术分析。

宏　　观

纵览中国经济、产业、贸易全局，有一些基本特征，决定了中国能够较好承受贸易反制的代价。

首先，中国已是制造业第一大国，拥有 39 个工业大类、191 个中类、525 个小类，是全世界唯一拥有联合国产业分类全部工业门类的国家。这既是中国竞争力的重要源泉，也是中国应对外部强加贸易摩擦底气的最大来源。

凭借这一基础，中国不害怕美国在贸易摩擦中的极端措施（类似新中国成立初期对华全面贸易禁运），因为那只会导致美国自己国内市场供应大面积断绝；也不担心对美贸易报复会过多抬高国内制成品价格，反可将其作为进口替代、推进国产化、或发展出口导向先进制造业的契机。

其次，中国从美国进口的大宗货物在中国市场占有率不是很高，最高 30% 上下，较多的是百分之一二十，多数是初级产品，可替代性较强。这一点决定了，中国的对等报复对相关货物供给的影响相对较小，相应地对相关生产、就业的影响也较小。

同时，在制定反制措施时，我们已经考虑了潜在负面影响，制定了补救措施。据商务部 2018 年 7 月 9 日消息，"中方在研究对美征税反制产品清单过程中，已充分考虑了进口产品的替代性，以及对于贸易投资的整体影响。同时，我方将研究采取以下措施缓解、消除此次贸易战给我国企业、员工带来的影响，并欢迎社会各界、特别是受影响较为严重的企业向商务部和当地有关政府部门反映"。

上述商务部表态的措施包括，"持续评估各类企业所受影响""将反制措施中增加的税收收入主要用于缓解企业及员工受到的影响""鼓励企业调整进口结构，增加其他国家和地区的大豆、豆粕等农产品，以及水产品、汽车的进口""加快落实国务院积极有效利用外资、推动经济高质量发展若干意见"等。

我们可以仔细研究一下中国的对美关税报复清单。

统　　计

商务部 2018 年 6 月 16 日发布《关于对原产于美国的部分商品加征关税的公告》，基本精神就是"同态复仇"。这份公告包含了两份报复清单，报复反制措施则都是和美国向中国商品额外加征等税率一样，对等加征 25% 关税。

第一份清单是从美国进口的大豆等农产品、汽车、水产品等货物。2017 年，中国自美国进口的这部分货物金额约 340 亿美元。这部分已经从 2018 年 7 月 6 日起开始加征关税。

第二份清单，是从美进口的化工品、医疗设备、能源产品（包括煤炭、原油、成品油、液化石油气等）等商品，2017 年，中国自美国进口金额约 160 亿美元。第二份清单是否执行、生效时间将视美方行动另行宣布。

按照《海关统计》表 16 "自部分国家（地区）进口类章金额表"，已经实施的第一份报复清单商品，主要分布在以下进口商品类章中。岛叔做了表格。

表 1 已生效加税的第一份清单覆盖商品

进口商品大类	2017 年自美国进口金额	大类下已生效加税的章	2017 年自美国进口金额
第 1 类，活动物，动物产品	30.6 亿美元	02 章，"肉及食用杂碎"	11.9 亿美元
		03 章，"鱼及其他水生无脊椎动物"	13.1 亿美元
		04 章，"乳；蛋；蜂蜜；其他食用动物产品"	4.3 亿美元
第 2 类，植物产品	169.6 亿美元	08 章，"食用水果及坚果；甜瓜等水果的果皮"	7.7 亿美元
		10 章，"谷物"	15.1 亿美元
		12 章，"油籽；子仁；工业或药用植物；饲料"（大豆在此类章）	145.7 亿美元
第 4 类，食品；饮料、酒及醋；烟草及制品	17.7 亿美元	24 章，"烟草、烟草及烟草代用品的制品"（第 503、504 项猫粮、狗粮在此类）	1.7 亿美元
第 11 类，纺织原料及纺织制品	18.4 亿美元	52 章，"棉花"（第 455 项"棉短绒"、第 517 项"未梳的棉花"在此类	10.7 亿美元
第 17 类，车辆、航空器、船舶及运输设备	293 亿美元	87 章，"车辆及其零附件，但铁道车辆除外"	150.9 亿美元

表 2 视美方行动决定是否实施的第二份报复清单商品

进口商品大类	2017 年自美国进口金额	视情况实施加税的章	2017 年自美国进口金额
第 5 类，矿产品	90.5 亿美元	27 章，"矿物燃料、矿物油及其产品；沥青等"	72.4 亿美元

续表

进口商品大类	2017年自美国进口金额	视情况实施加税的章	2017年自美国进口金额
第6类，化学工业及其相关工业的产品	145.8亿美元		
第7类，塑料及其制品；橡胶及其制品	81.5亿美元		
第18类，光学、医疗等仪器；钟表；乐器	117.6亿美元	"光学、照相、医疗等设备及零附件"	117.3亿美元

分　析

上面中方反制报复商品，可以划分为几类。

第一类纯属对国计民生没有什么影响的消费。最典型者莫过于第一份清单第503项"零售包装的狗食或猫食罐头"、第504项"零售包装的其他狗食或猫食"，中国的铲屎官们没有必要一定要给自己宠物喂美国猫粮、狗粮。

至于近年开始走红国内大城市零售市场的一些美国水果、坚果之类，尽管岛叔也喜欢，但这不是生活必需，进口额不多(7.7亿美元)，也容易用国产和从其他国家的进口替代。

第二类是对国计民生非常重要，但从美国进口额目前还不多、比较容易替代的商品。民以食为天，第一份清单中的谷物、肉、水产、乳、棉花，第二份清单中的煤炭、原油、液化石油气等，都属于此类。

目前，俄罗斯、澳大利亚、阿根廷、蒙古国、新西兰等国和欧洲都在争夺中国谷物、肉、水产、乳品市场，特别是新西兰、澳大利亚、西非等渔场开发的潜力还很大，中国渔业企业不妨抓住这个机会去闯荡一下，相信有关部门会支持你们。至于能源产品，中美能源业互利合作潜力巨大，只是目前双边贸易还不算特别大，依靠国产和从其他国家进口不难解决。

这一类中最值得重视的是棉花。中国是全世界最大纺织服装生产国、出口国，占有全球市场 36% 左右份额，我们必须避免报复美棉措施削弱我国纺织服装企业竞争力。

为此，美棉缺口我们除了增加国产之外，也可以从中亚、非洲等地增加进口，增加从穷国进口棉花时可以考虑对其实施一定时期的免税，作为"国际扶贫"援助措施；贸易报复增收的关税，也可拿出一部分用于缓解我们下游纺织服装企业受到的冲击。

第三类是对国计民生非常重要，从美国进口额和市场占比较高、替代难度较大的商品。最典型的就是大豆。美国大豆在华市场占有率为 1/3 左右，可能是在中国市场占有率最高的美国大宗货物了。

这些年，中国大豆市场上来一直是进口大豆唱主角。2017 年全国豆类产量 1917 万吨（包括大豆和杂豆），进口大豆则高达 9553 万吨。之所以要进口这么多大豆，主要是用于榨油和生产豆粕饲料用于畜牧、水产养殖；如果大豆问题解决不好，我国国民肉食消费数量、价格会受较明显影响。

对此，我们已经在此前做了部署，国内加紧扩大了大豆种植面积，同时对一系列国家大豆进口实施了零关税，同时，中国还能够比较便利地从俄罗斯、阿根廷、巴西等其他国家获得替代货源。

除此之外，我国豆粕需求之所以大幅度增长，以至于我们这个大豆原产国、传统的大豆出口国变成第一大大豆进口国，关键原因之一是这些年来政府力推发展大规模现代养殖业，传统小型养殖户逐渐退出，导致自混饲料使用不断减少，工业化饲料使用量增加，豆粕需求随之增长。

在目前贸易战情况下，我们可以考虑在人口密度较低的农村地区适度放宽对传统小型养殖户的限制，这样他们可以用一部分自混饲料替代使用豆粕的工业化饲料，从而降低我国豆粕需求的压力。

第四类是有望成为国内进口替代契机的产品，典型如第一份清单中的汽车产品，第二份清单中的石化、塑料、橡胶、医疗设备等产品。

中国已经连续多年位居世界最大汽车生产国和销售市场，具有进一步扩大汽车生产和出口的巨大潜力。美国对华汽车出口，多数是在美国生产的欧洲、日本品牌汽车。岛叔此前一再强调，美国对全世界开打贸易战，战火已经蔓延到汽车业，可能不久就会有数千亿美元贸易额汽车产品被实际加征关税；中国则在此时大幅度放宽外资政策，包括取消了在华合资汽车企业股比上限。

这意味着，不同国家的政策组合起来，很有可能创造一个外资汽车企业寻求在华出口导向型汽车生产项目投资大规模增长的机遇，这是值得中国产业界、中国全国招商引资部门密切关注和抓住的潜在机遇。

至于炼油、石化、塑料、橡胶之类产业，国内本来产能就相当巨大，限制进口，正好提高国内产能利用率。

值得一提的是第二份清单中的大型医疗设备。现在，通用电气（GE）、飞利浦、西门子三家外资公司基本上垄断了国内医院的大型医疗器械，国产货离它们还有较大差距，加征关税给了国产厂商发展契机。同时，这些进口大型医疗设备特点是高价格、高利润，因此，在加征关税情况下，建议、支持代理商与厂商交涉，由厂商承担加征关税，避免提高对医院的销售价格、进而提高医疗服务价格。

事实上，根据岛叔向有关代理商了解的情况，通用电气公司已经向中国代理商发函声明，由该公司自己承担加征的关税，不提高代理商进货成本。这一方面可以消除提高医疗服务成本的担心，另一方面也警示国内厂商，要想赶上甚至替代巨头，必须付出足够的努力。

综上研判，可以说，中方这部分贸易反制的代价是可以承受的。如果利用得好，也可能成为某些相关高端产品国产化的契机。

单田芳走了，我很怀念他

2018/9/12

红拂出塞

下班路上，手机一震，是推送的新闻。标题：《评书大师单田芳病逝享年 84 岁》。

"诶呀，单田芳过世了"，身旁的两个女乘客也在看手机。

"小时候总听他的评书。""啊，我爷爷现在在家还天天听呢。"

单田芳走了，而多少人的记忆里，将永远难忘他的声音？

时　　代

20 年前，我是个小学生。没有手机、没有电脑，爸妈管得严，平日连电视都不让看，说看电视累眼睛。白天课间最大的娱乐是读《故事会》，晚上睡前最大的娱乐就是听广播。

听广播得兼顾全家人的口味，流行金曲榜爸妈不爱听，都市情感集爸妈不让听，老少皆宜的，评书最佳。每晚两集，一集半小时，晚上 9 点躺床上听，10 点正好睡觉。一部评书 300 多集，一播就是小半年。从前日子慢，一天天听过去，也就听遍了三侠五义、西游水浒。

袁阔成、田连元、刘兰芳我也都爱，但最爱听的还是单田芳——他的声音太特别了，只要听过一句，就让人再也挪不开步。

沙哑的烟嗓，声音是扁着出来的，一点儿东北口音，说起书来起承转合，抑扬顿挫。要比做实物，就像是用久了的粗棉布，既触感柔软又能摸到它的纹路；又像是炖在汤里的老豆腐，既津津入味又韧而不松。

20世纪90年代的综艺节目里，多少人热衷于模仿这个声音。但鹦鹉学舌，学不到看家本事。

单田芳生在曲艺世家，自他外祖父以下，父母、叔伯、舅舅都是曲艺行当中人。他自己讲，家里"三亲六故都是说书的"。单田芳从记事起就混在书场，耳濡目染，七八岁就能表演，十三四岁时已能记住几部长篇大书。22岁首次登台，说的第一部书就是《大明英烈》。

功夫长在身上就是一辈子。

无论本子如何，单田芳的"说"总是情绪连贯、字字流畅，每个停顿都是妥帖的，故事像从嘴里自行生长出来一般自然。什么"刀枪剑戟，斧钺钩叉，镋棍槊棒，鞭锏锤抓"，什么"花开两朵，各表一枝"，一想起这些贯口，我耳边挥之不去的永远是单田芳"云遮月"式的声音。

苦　　乐

让他非凡的，却是从苦难中来。

"文革"期间，单田芳受到冲击。有人说他的嗓子是被人用绳子勒坏的，单田芳自己在节目中说是当时一股火涌上来，嗓子肿了才哑的。说起遭受过的磨难，他云淡风轻，只开玩笑说自己原本嗓音高亢得"像孙楠"。

1970年，单田芳被下放到农村，他一边抢着锄头干农活，一边想着背书。定场诗怎么说，秦琼怎么开的脸，怎么发配北平府。时间太充足了，充足到容他背完了《隋唐演义》。

1979 年，单田芳重返书坛。从此，《三侠五义》《白眉大侠》《童林传》《隋唐演义》等经典作品传进了千家万户。

有记录保存的单田芳作品有百余部。有统计说他的听众有 2 亿，还有说法更多，称是近 7 亿。不管数字多少，"凡有井水处，皆听单田芳"的说法绝不夸张。现在打开某广播类 APP，他的《白眉大侠》播放量是 3.2 亿。

单田芳身上既有着老艺人的质朴，又愿意积极拥抱时代。他觉得旧时候的江湖艺人太欠缺文化，自己不能这样，便到东北大学函授学习历史。"你说到一个词句典故，要知道它的出处才行，必须讲出所以然，这就需要去历史里钻研。我一开始说的都是传统书，不管是《朱元璋》还是《隋唐演义》，我都必须查查历史上是怎么回事情，看我们都把这些历史加工到一个什么程度，弄明白哪些是虚构加工，哪些是史实。"

他从茶馆说到电台，从电台又说到了电视台，成立了文化传播公司，也出过自传《言归正传》。有趣的是，他把这个自传也讲成了一部评书。他说自己从艺以来，说了百十部评书，有帝王将相、英雄豪杰、才子佳人，唯独还没说过自己，现在想让观众听一回"单田芳说单田芳"。

他说自己的自传，一是讲出自己的所遭所遇，告诉人们幸福来之不易；二是要说"君子无德怨自修"，不要怨天尤人。

那年，他 76 岁。

老　去

印象里的单田芳从来就是位老人家，但其实这位老人家时髦得很。他用微博，会网购，还看韩剧。他曾在采访中表示，自己最喜欢的明星是迈克尔·杰克逊，"他很了不起，他歌唱得好，舞蹈动作也特别娴熟"。

然而，时髦的老人也是老人，"评书"也久被看作是"老人家"的艺术。

自2007年单田芳宣布收山后，外界采访他时，聊到最多的话题就是"如何看待评书艺术的没落"。他最担忧的是评书后继无人。他批评年轻评书演员都是各顾各，宛如一盘散沙；另一方面的现实是评书演员的青黄不接，很少有年轻人想要来学讲评书，更多的是想当明星。

而今，评书四大家里，袁阔成、单田芳相继辞世，田连元77岁了，刘兰芳74岁了。

受众是艺术的土壤。但现在，我们拥有的娱乐样态已经越来越丰富。追部电视剧2倍速都嫌慢，超过3分钟的短视频就没人愿意看，又还有多少人愿意听完300集的评书呢？我自己没再听评书，也几乎有10年了。

很多东西都会断代，人们也许不希望一门艺术就这么没落了，然而谁也挡不住时代的筛选。不过，在群里聊起单田芳时，一位岛叔突然说，"我儿子刚听完他讲的一部书"。也许，被"80后""90后"遗忘了的快乐会被"10后"重新拾起？

怀　念

有网友曾在单田芳的微博上问他，他讲过千百个英雄，哪个是自己最喜爱的人物呢？

单老的回答是：房书安。这不是个伟光正的英雄，他的名号是"细脖大头鬼"，是《白眉大侠》里一个受人喜爱的丑角。诙谐，胆小，但重情重义。

我确实发自内心地觉得，单老真可爱。我会永远怀念他。

【解局】 一张火爆网络的照片背后的真问题

2018/9/12

吕德文

最近，一张贫困户家的"门前照"火了，就是下面这张：

"各位领导：本人已脱贫，请不要再来打扰了"。

据岛叔了解，照片背后，
当日上门的扶贫干部其实是
自掏腰包，买了一壶油、一
袋米，"私车公用"翻山越岭
来走访，结果却吃了闭门羹。
按理说，扶贫是好事儿，也
是现在在做的大事儿。但为
什么会出现这样黑色幽默的场景？

事实上，类似的场景，在岛叔这两年调研扶贫中遇到的普遍现实
中，不算少见。

群　众

本质上说，扶贫工作是典型的"群众工作"。

毛泽东曾写道："我们共产党人无论进行何项工作，有两个方法
是必须采用的，一是一般和个别相结合，二是领导和群众相结合"。

之后，群众工作也延续成为新中国的国家治理新传统。尽管当前国家治理不断强调规范化、程序化、专业化，但基层的许多中心工作，仍高度依赖群众工作。

换言之，能否充分发动群众，把党和政府的意图转化为群众意愿，是基层工作能否简约高效完成的关键。毕竟，基层行政力量有限，群众工作可以是必要补充；基层事务也多需要与群众见面，与群众见面、接触，就成为群众工作的不二法门。从扶贫来说，其任务的完成，不仅在于地方党委政府，也在于群众的脱贫意愿和努力。从目前看，精准扶贫已是贫困地区中心工作，各地无不将之视作"一号工程"，行政资源配置已经足够；真正的问题是，如何将扶贫资源有效转化为群众脱贫的动力和条件。

这就必须通过群众工作来实现。应该说，扶贫工作遭遇上面图片中"政府动而群众不动"的尴尬，原因可能有很多，但核心是群众工作的错位。我们可以具体展开。

对　象

比如最让基层为难的"精准识别"扶贫对象的问题。

20 世纪 80 年代以来，扶贫工作基本上是一项发展政策。其重心在于，通过改善贫困地区的基础设施，发展地方经济，实现减贫目标。在此政策背景下，各地要做的工作是确定"贫困发生率"；至于贫困户是谁，倒是无甚重要的。事实上，当时基层在上报贫困户时，也多是随意申报的。

但在扶贫资源将"精准到户"的前提下，扶贫工作需要花费许多精力在"识别"贫困户上。一般而言，在实践中，"绝对贫困户"是极少的，好识别，难度在于确定"相对贫困户"。还有一些地区，实际贫困发生率远低于政策规定，只好将部分非贫困户强拉进贫困户行列。

出现此种情况时，就会出现框定贫困人口符合了政策要求，但群众不满意，基层干部忙于处理各种矛盾的情形。岛叔在某贫困县调研时就遇到了这种情况：乡镇党委政府都想实事求是确定贫困人口，但县扶贫办却不允许，因为国家政策规定他们"必须有足够贫困人口"。这就很反讽了。

与这种"被贫困"相比，也有"争当贫困户"的现象。毕竟，精准施策的结果之一是贫困户会获得好处，因此大家直观地将精准扶贫视作是一种"福利分配"。

为什么扶贫工作会找错扶贫对象、群众工作找错群众，从而出现负面效果？这就需要反思扶贫方法是否错位。

方　　法

对于大多数贫困地区而言，致贫原因基本包括两种：一是家庭支出过大，包括教育、医疗、住房等；二是家庭收入太少，主要是缺少劳动力、就业机会少等。目前，绝大多数地区的帮扶政策里，都通过社会保障政策及财政兜底等形式，几乎免除贫困家庭的大额开支；但家庭增收却无法通过这种方式完成。

一般而言，很多地方政府都会实施产业扶贫，帮助贫困户通过发展产业来脱贫。问题在于，在市场经济条件下，产业本身就意味着风险；因此基层往往根据过去的经验，通过变通的方式来实施产业扶贫。比如找一些企业或合作社，以贫困户的名义获得银行贴息贷款；这些企业融资发展生产，同时享受到政策优惠，再以"分红"的形式返还给贫困户。在这里，贫困户其实并没有参与劳动，却凭空获得了好处。

基层干部常说，只要家里有一个壮劳动力打工，基本上就脱贫了。麻烦恰恰在于，贫困户要么缺劳动力，要么不愿外出打工。哪怕是有条件的贫困，在获得政府支持后，优先考虑的恐怕还是用于消费，而不是发展生产。

岛叔在一个贫困乡镇调研时碰到一件事：2016 年春节期间，县里来了巨量的针对贫困户的无息贷款（户均 5 万），前提是要村委会担保。县政府要求，几个月之内必须将这批扶贫款贷完。但乡镇政府却很犹豫，村干部则普遍抵制。

为啥？因为基层干部认定，当地农民拿了这笔钱，肯定是盖房子、娶媳妇去了，不可能真发展生产，也没打算还款。结果，过年期间，很多贫困户都迟迟不出去打工，为的就是拿到这笔贷款。一些"聪明"的村干部也与之打持久战，就是不办手续，最终以拖延"取胜"。

客观上，在当前的条件下，扶贫干部上门做的多是"业务"：给贫困户算账，替贫困户办理各种政策优惠，给贫困户送各种好处；但显然，脱贫无法用这种"送好处"的方法完成。麻烦的是，现在绝大多数工作组都是自带资源去扶贫的。那些资源比较多的单位，如财政局、交通局、发改委等，自带的扶贫资源比较多，工作就好做；一些"清水衙门"的工作队则都有"自知之明"，还是少去为好。

比如我们调研的一个贫困村，是团县委挂钩的。按照要求，团县委每个月都要走访贫困户。村书记出于好心，每次都说"不要来了，要了解情况问我们"。团县委的干部却很认真："我们就到贫困户家里喝杯茶，不吃饭"。村书记只好实话实说："老是不见实惠，老百姓觉得是扰民。茶也不要去喝了，老百姓没空"。

换言之，扶贫干部做的是自己工作，却多大程度上与贫困户有关呢？故而，哪怕是贫困户得了好处，也会觉得厌烦。

模　糊

其实，回到本源，所有政策的"精准实施"，都需要建立在两个基础之上：一是政策信息足够透明，二是政策信息可计算。但在目前的乡村社会，这两个条件常常难以成立。比如，我们的一些扶贫大数据平台整合了户籍、银行、房产、车辆、教育、医疗、社保等信息，可以识别出一些"假贫困户"，但绝大多数真正的贫困户信息，则通常是模糊、难以计算的。

就拿最直观的家庭收入来说，经常连农民自己都说不出来（季节性变动、零散收入等）；一般农民并不记账，其家庭经济活动也难以计算。在岛叔看到的贫困户家庭中，几乎每户墙上都贴着大大的白纸，写着这家贫困户的家庭收入、开支情况——这就是前面说到的扶贫干部的大量"算账"工作。岛叔一问才知，这是为了让贫困户记住自己的家庭收入和开支等关键信息，以免上面检查时，贫困户答不上来或答不准确而致扶贫工作功亏一篑。

"精准"和"模糊"，是中国基层社会长期需要处理的现实问题。如果基层干部扶贫工作的重点难点，从"如何让贫困户脱贫"变成"如何让扶贫工作经得起扶贫系统的考核"，那就变味了，走向形式主义问题。在实践中我们也看到，为了保证在上级验收时万无一失，只能对贫困户反复遍访、回访、拉网式排查，做完的工作要回头看、再回头看，相关数据不断核查、比对，档案改了又改。

从这个角度说，如果我们建立了可以覆盖整个治理过程的监督体系，却未能实现对基层社会的有效监测，就始终会出现一种矛盾：哪怕基层真做了事，真接触了群众，但出发点和落脚点都是为了"证明自己"做事，又怎么谈得上跟群众交心？

因此，在新时代要做好群众工作，首先是要在行政的"科层体系"内部走群众路线。上级应该慎用督查、问责等手段，而应该多走基层，多做基层干部的思想工作，多和基层干部交心，在调动其工作积极性和主体性的过程中解决问题。

（作者系武汉大学社会学系研究员）

第四部分　港台篇

【解局】中央再提对香港的"全面管治权"，意味深长

2017/10/24

东鲁虺髯客

"要全面准确贯彻'一国两制'方针，牢牢掌握宪法和基本法赋予的中央对香港、澳门全面管治权，深化内地和港澳地区交流合作，保持香港、澳门繁荣稳定。"

十九大报告中的这句话引起了不小的反响。尤其在香港和国际上，舆论都在讨论这个"全面管治权"是什么意思。甚至有外媒信誓旦旦地解读称，这或许意味着未来中央将对香港进行"鹰派"式管治。

因此，我们可以好好聊聊这个"全面管治权"到底是什么意思，以及未来将如何影响香港施政。

概　　念

事实上，"全面管治权"并非十九大报告首创，甚至并不算是一个"新词"。2014 年 6 月，国务院新闻办发表的香港"一国两制"实施状况白皮书就明确指出，中央对香港拥有"全面管治权"。

"全面管治权"是什么意思？

在中国这样的单一制国家里，国家主权优于各行政区划存在，地方行政区并不具备主权特征。各地方行使的权力（行政权、自治权等）

并非地方固有，而是由中央根据宪法和法律授予。即使是"高度自治"的港澳地区也并不例外。其"高度自治权"，恰恰是中央根据宪法和基本法授予的。

因此，对包括港澳地区在内所有地方行政区域，中央（国家）拥有全面管治权，这是符合法理、且理所应当的。

"全面管治权"包括什么呢？还是回到 2014 年的《白皮书》。该文件指出："中央拥有对香港特别行政区的全面管治权，既包括中央直接行使的权力，也包括授权香港特别行政区依法实行高度自治。对于香港特别行政区的高度自治权，中央具有监督权力。"

这意味着什么呢？香港大学副教授阎小骏这样总结："一，创制香港特别行政区、立法、释法、修法的权力；二，组建特区政权机关、监督行政长官及特区政府的立法和施政，以及向特区政府作出新的授权的权力；三，直接管理与特区有关的外交事务与香港防务的权力。"

有人觉得这种提法很突兀？不妨回顾一下"初心"。

"一国两制"的框架最初创立是为了解决台湾问题。1983 年，邓小平谈到此事时说，祖国统一后，台湾特别行政区可以有自己的"独立性"，包括司法独立、拥有军队（不能构成威胁）、大陆不派行政人员去台等。首先应用于香港问题后，则根据宪法和基本法规定，相应进行授权规定。

因此可以看出，这一政策从提出起，"一国"就是目的和基础，"两制"则是过程和手段，两者孰轻孰重，一目了然。框架提出之初，就兼具了灵活性与务实性。

"主权"与"治权"，从中英谈判香港问题时就的确是交锋的核心议题。

核　心

在香港和国际上，有一些观点认为，"一国两制"理所当然就是"一国两治"，北京只应管理属于主权范围内的外交与防务，其他所有特区的管理事宜都应该属于"治权"范围，完全应该由港人自行行使，中央政府不得干预。这种误解发展到极致，甚至出现了所谓"次主权""中国干预香港内政"等言论。

这种观点是经不起历史和现实推敲的。

根据阎小骏的叙述，1982 年撒切尔夫人访问北京，正式商谈香港前途时，"主权换治权"曾是英方谈判的底线。实质上，这个方案希望中国仅保留对香港的"名义所有权"，在管治上，香港应该继续听命于英国政府和代理人，即中国内地和香港由完全不同的政府来实施管治，分割中国对其固有领土的实质管治权。

那么，当时的领导人怎么说的呢？来看两则材料。

"英国想用主权来换治权是行不通的。希望不要在治权问题上纠缠，不要搞成中国单方面发表声明收回香港……希望撒切尔夫人和她的政府采取明智的态度，不要把路走绝了。中国 1997 年收回香港的政策不会受任何干扰，更不会有任何改变，否则我们就交不了账。"（1983 年，邓小平会见英国前首相希思时说）

"你们想拿主权换治权，延续 1997 年后对香港的殖民统治，这是根本行不通的。要中国政府接受这种荒谬的主张，等于是要中国政府同英国政府签订一项新的不平等条约。你们应该清楚，中国不是阿根廷，香港也不是马岛。"（1983 年，时任外交部副部长周南对英国驻华临时代办说）

可见，主权与治权不可分割，始终是北京坚持的核心观点。

1987 年，会见香港基本法起草委员会时，邓小平还有这样一段富有远见的话：

"切不要以为香港的事情全由香港人来管，中央一点都不管，就万事大吉了。这是不行的，这种想法不实际。中央确实是不干预特别行政区的具体事务的，也不需要干预。但是，特别行政区是不是也会发生危害国家根本利益的事情呢？难道就不会出现吗？那个时候，北京过问不过问？难道香港就不会出现损害香港根本利益的事情？能够设想香港就没有干扰，没有破坏力量吗？……

"如果中央把什么权力都放弃了，就可能会出现一些混乱、损害香港的利益。所以，保持中央的某些权力，对香港有利无害。大家可以冷静地想想，香港有时候会不会出现非北京出头就不能解决的问题呢……总有一些事情没有中央出头你们是难以解决的。……如果变成行动，要把香港变成一个在'民主'幌子下反对内地的基地，怎么办？那就非干预不行。"

2015 年，全国港澳研究会会长陈佐洱则说了这样一番话："香港特区的普选之争……实质是管治权的归属问题。特区管治权是国家政权的一部分，兹事体大，不容有失。"

"兹事体大、不容有失"——可以说，对于特区的管治权，北京的观点是再明确不过了。正如阎小骏评论的那样，"在 20 世纪 80 年代国力那样弱的情况下都不曾在'主权治权不可分割'的问题上退让半分，怎么可能在 21 世纪的今天、在管治权这个核心议题上让步？"

用这位学者的话来说，"香港归根结底是中华人民共和国中央人民政府直辖的一个特别行政区，北京有完全的主权和治权；香港既不是受保护的'自治领土'，也不是独立或半独立、享受'次主权'的政治'异邦'。香港社会要寻求进一步的生存、发展和自治空间，就首先必须坦然接受这个最基本的政治现实。"

如果说罗大佑一曲《皇后大道东》，唱出了部分港人回归前的犹豫与彷徨，那么回归后，香港社会有些人思想却翻转180度，对"一国两制"和基本法的认知存在"过高想象"，对"高度自治权"怀有不切实际的期望。比如，有香港本地人士语带反讽地撰文说，以为回归就是"换一换国旗区徽，改唱义勇军进行曲"而已，这些已充分表达了"我们那份澎湃的爱国情操"，恕难做得更多了。

这种"回归"认知多肤浅虚伪呢？我们不妨再回溯一下历史——

1984年，邓小平说："港人治港有个界线和标准，就是必须由以爱国者为主体的港人来治理香港……什么叫爱国者？爱国者的标准是，尊重自己民族，诚心诚意拥护祖国恢复行使对香港的主权，不损害香港的繁荣和稳定。"

对照现实，"初心"仍具启示意义。最近多次出现的香港球迷嘘国歌事件，便是对其反讽的极度再反讽。还有人在抗议中展示港英时期的殖民地旗帜，打出"鸦片战争万岁"和"南京条约万岁"的标语，对中央和内地民众的刺激伤害更是难以估量。

事实上，经历2003年的国家安全立法争议、2010年的政改争议和2012年的国民教育课争议后，2014年的全面管治权论述，有深刻的历史渊源和与时俱进的时代背景。如果抱着刻舟求剑的思维看"一国两制"，显然行不通。香港社会要寻求进一步生存、发展和自治的空间，首先就必须坦然接受"一国"这个最基本的政治现实。

别忘了，港澳虽没有实行人代会制，也没有搞"三权分立"或联邦制，但"高度自治"并非"完全自治"，也不是分权，更不是特区固有的权力，而是来源于中央全面管治权的授权。

毕竟，"五十年不变"，不等于"五十年放任不管"。

这些年香港社会的非法"占中"、旺角暴乱、个别候任议员宣誓时辱国，种种乱象，正应了邓小平的话：某些势力要把香港"变成一个在'民主'的幌子下反对内地的基地"。对此，中央当然要及时亮剑，人大常委会主动释法。坚决遏制和打击"港独"势力，定分止争、释疑解惑的效果背后，体现的就是"全面管治权"的力量。

换言之，这是中央政府一以贯之的政治底线，也是已经成为现实的政治操作。

现　　实

明治病之术者，杜未生之疾；达治乱之要者，遏将来之患。用好全面管治权，中央和特区形成良性互动，是"推进国家治理能力和治理体系现代化"的应有之义。

全面管治权必须得到香港社会的理解与支持。根据阎小骏的观察，香港社会运动的不断激化和"港独"势力的泛起，对香港特区的管治形成新的干扰，这种干扰"对两地之间的政治互信杀伤力非常大"。

比如，有些境内外势力"打着红旗反红旗"，故意混淆、曲解"一国两制"的初心，对全面管治权横挑鼻子竖挑眼，发出"香港只有一国、没有两制"之类的奇谈怪论，臆度中央收紧高度自治权，甚至"全面接管"云云。再加上香港与内地经济一体化带来的竞争、收入分配不均、住房置业困难等带来的社会分化，很容易转为对政府和相关政策的不满。这些，对港澳尤其是香港建立足够的政治认同形成了不小的挑战。

从构建认同到知行合一，需要足够的信心、耐心和智慧。用这位学者的话说，"一个与国家主体政治秩序离散多年的现代都市，要重新整合进政治主体的制度体系和宪法秩序，同时又要保持自身的独特性，这本身恐怕就是人类历史上最宏大和艰深的政治难题之一"。

面对挑战破解难题，就要确保"一国两制"的实践不动摇、不走样、不变形，必须以"咬定青山不放松""任尔东西南北风"的战略定力，牢牢牵住"全面管治权"这个牛鼻子。在岛叔看来，这也是习近平特意点明"全面管治权"的原因：过去我们谈"高度自治权"多，谈"全面管治权"少；如今，在舆论引导和思想意识上，这个纠偏必须首先完成。

【解局】台湾还有"乡愁"吗？

2017/12/14

东鲁虬髯客

2017年12月14日，台湾诗人余光中在高雄医院过世，享年90岁。

从中午开始，岛叔的手机就被这则消息霸屏。毕竟，他那首著名的《乡愁》，早已在海峡两岸家喻户晓。

乡愁是什么？在那些两岸阻绝、不通音讯的日子里，乡愁是船票，是邮票，是坟墓，还是海峡。一言以蔽之，是绿叶对根的思念，也是困住思念的牢锁。

进入21世纪，两岸的互动渐渐发生巨变。旧日的乡愁渐渐散去，新的问题接踵而至。岛内某些势力的刻意操作，总想让台湾之舟远离大陆港湾的怀抱。他们不提乡愁，却提向"独"的政治要求。比如早前所谓"公民投票法"，就被比成"鸟笼"，有人视之为桎梏。

我在这"投"大陆在那头

既然嫌弃"镣铐"缚手缚脚，自然就要有变招。这不，台湾立法部门12月12日通过"公民投票法"部分条文修正案，大幅下修提案、连署、通过门槛。

放宽之后谁开心？

第一开心的当然是始作俑者的民进党当政者。按照2016年"大选"的标准，1879 人就可进行提案，连署仅需约 28 万人。这次，修正案不仅废除了之前的"公投审议委员会"，更赋予行政主管部门发动"公投"权。执掌行政主管部门的赖清德应该笑了。

第二开心的，是岛内部分年轻人和盼望收割青年选票的小绿"时代力量"。投票权降为 18 岁，更多年轻一代有了用选票发声的机会，"时代力量"就发表声明称"兴奋激动"。

第三开心的，是坚持"台独"的"基本教义派"。因为门槛只要降低，就会增加了他们打擦边球、切香肠、操弄统"独"议题的机会。

可以预见，从民粹中尝到甜头的绿营当家，今后"公投"提案将不断涌现。因为门槛过低，更容易操作成政治动员工具，"公投"绑"大选"啦，逢选必有"公投"啦，幺蛾子一桩接一桩。有时甚至会如阿扁此前操作的那样，单纯就是投给大陆看。变更一下余光中的诗歌，成了"我在这'投'大陆在那头"。只是这种政治操作会不会玩得过嗨，碰触到大陆的底线，刺激大陆敏感神经？

再说，这种政治操作一旦涉及两岸议题，怎么看都像用所谓法理缓慢而持续地冲击两岸固有的各种联结，万一出现近似数典忘祖的行径，真的好吗？

"行不得也哥哥"

当然，民进党也知道进止。比如这次，所谓修正案就排除将"国土变更"与"修宪"纳入。否则，一旦触及大陆的《反分裂国家法》，那可不是闹着玩的。一方面搞小动作，另一方面自认没踩红线，游走钢丝上的民进党团队是煞费苦心。

迄今为止，台湾曾进行过 6 次"公投"，全部因投票人数未达50% 门槛而遭否决。2004 年 3 月，陈水扁发动"防御性公投"绑"大选"，试图火中取栗，结果机关算尽，恶化了两岸关系，最后以失败告终。

这次修正案，看似否决了"公投"决定"台独"的选项，但从另一侧面，却为"台独"开了方便之门。两岸关系敏感，绿营创意无限，泛主权议题太多，并非仅有"领土变更复决案"而已。

大陆坚决反对的，正是类似的"法理台独"的变种。他们跟"文化台独"一样，成了如今绿营遂行"切香肠"战略的两条腿。

随着老一辈的逝去，两岸的文化联结，似乎也不太乐观，更别说对政治上"文化台独"的制衡。

20 世纪 80 年代，余光中写信给大陆诗人流沙河说："在海外，夜间听到蟋蟀叫，就会以为那是在四川乡下听到的那只"。听蟋蟀而念乡，是以传统文化为根的中国人共有的思维模式。然而，岛内部分政客早把中华传统文化根系，抛到九霄云外去了。没文化，真可怕。所谓打破"鸟笼限制"，更像开了潘多拉的盒子。再说，鸟笼里是什么鸟？鹧鸪吗？岛叔不是早就告诫过吗，有些事是"行不得也哥哥"。

拒绝"失根的兰花"

流沙河写了《就是那一只蟋蟀》，来回应余光中的文化乡愁。诗尾他提出了一个著名的论断，就是"中国人有中国人的心态，中国人有中国人的耳朵"。

嘴耳心相通，源于共有的文脉语言。文化联结才是我们内心最柔软的那一部分，也往往是最长久的那一部分。它远胜过政坛的三十六计，也远胜过借助"法理"的虎皮大旗。

而在民进党政治文化中，"公民投票法"也牵连自己的所谓"根源"。"公投"本就是"台独""建国"的工具和"神主牌"之一。"台独联盟"主席蔡同荣就多次提出法案，外号"蔡公投"；"台独"的"理论大师"林浊水，也草拟过"公民投票法"草案。

参照这次"修法"后的标准，过去 6 项"公投"，竟有 4 项达到通过门槛。万一以后有涉及"国家认同"议题"照猫画虎"打擦边球，必将恶化两岸关系，对蔡英文"维持现状"之说予以"打脸"。

南宋郑思肖擅长作墨兰，花叶萧疏而不画根土。无根的兰花，寓意南宋失去国土根基和文化维系。日暮家国何在？这才是永远的乡愁。

所谓"法理台独""文化台独"，如砍斫之斧，正有让台湾成为失根的兰花之虞。我们决不能坐视这种事情发生。

时光回流到 1977 年，岛内的李双泽创作了一首经典民谣歌曲，叫《少年中国》，歌词改编自著名诗人蒋勋的诗作。歌曰：我们隔着迢遥的山河去看望祖国的土地 / 你用你的足迹我用我游子的乡愁 / 你对我说 / 古老的中国没有乡愁 / 乡愁是给没有家的人 / 少年的中国也不要乡愁 / 乡愁是给不回家的人。

40 年过去了，有些东西不能变。这才是对待乡愁的态度，这才是应有的初心。

【解局】 香港的这位校长火了，
背后的原因引人深思

2017/12/18

黑白自在

2017 年 12 月 16 日，香港发生了一件事。在香港专业进修学校的毕业典礼上，有学生对国歌不敬，校方果断将他们驱逐离场。校长陈卓禧随后表示，该校"必定高举爱国旗帜，没有任何妥协余地"！

热　血

这样旗帜鲜明、痛快淋漓的声音，这几年在香港应该不太容易听到，发自公众人物之口更是少见。因此，这事迅速成了香港舆论焦点，点赞者纷纷叫好，诋毁者气急败坏。

据香港媒体报道，港专的毕业典礼上，国歌奏起时，有毕业生拒绝肃立，有人更在胸前作出交叉手势，国歌播放约 10 秒后突然停止，随即有职员表示场内有人不尊重国歌及违反守则，令典礼无法于庄严环境下进行，并宣布典礼中止。最后涉事的 2 名毕业生被要求离场，另有 10 多名"声援"的同学一同离场，毕业礼停顿近 20 分钟后重新开始。

事件发生后，校长陈卓禧与学生对话，表示尊重学生的不同意见，但毕业典礼是一个庄严而隆重的场合，"港专作为一个爱国爱港的学校，必定高举爱国旗帜，没有任何妥协余地"！

成立于 60 年前的港专，向有爱国传统。陈卓禧说："从港专成立第一天起，我们就挂五星国旗，唱《义勇军进行曲》作为我们的国歌，我们因为这件事，受尽了殖民地政府的打压，资助被取消、校舍被收回，我们没有放弃过我们爱国的立场，如果连这件事都不知道，那就是你们选错了学校！"

香港媒体评价说，陈卓禧如此表态，堪称"正气楷模"，内地媒体更多地则以"热血"二字形容他的这番话。

反　　常

这件事是正能量，但我们应看到背后的问题。为什么爱自己的国家、尊重国歌和国旗这样的放之四海而皆准的基本守则，在香港会屡遭挑战？为什么香港一些人做着侮辱国家、挑战法治、撕裂社会的事，却不以为耻反以为荣？而像陈校长这样的仗义执言，为何一段时间来却难得听见，一言既出，竟成新闻？

正气不舒，只因邪气弥漫。过去数年中，香港舆论场出现了一种奇怪的现象：反秩序反和谐之声假"民主"之名大行其道，竟然愈发"气壮如牛"起来。

各国家和地区都有的国民教育，在香港被抹黑成"洗脑教育"；有人在足球场嘘国歌，有候任议员在宣誓场合侮辱国家和民族；有人违法"占中"却被反对派媒体和外国势力塑造成"英雄"和"民主之光"；香港高校的"民主墙"，有人不许内地生用简体字贴文；极端人士当面侮辱、骚扰内地游客，对两地一些小摩擦大做文章；香港中文大学学生会主席大骂内地学生"支那人"……种种不堪行径嚣张至此。而主张爱国爱港、主张香港和内地应携手同心的声音，反遭围攻贬抑，渐成沉默的螺旋。

一名香港青年社团负责人近日对岛叔说，她大学时参与内地交流团，却被反对派媒体抹黑成"洗脑团领袖"。她并不因此而畏惧退缩，反而奋起撰文反击。但她也痛感，像她这样勇敢的只是少数，更多的香港年轻人都因"人言可畏"而选择了"收声"。

有香港青年社团最近推出了一个"敢言计划"，该计划召集人说，就是为了让爱国青年敢于说话，发出正能量的声音。由此也可见，爱国者"不敢言"，正是此前香港舆论场的问题所在。

"占中"之前，一名香港学生接受采访时透露，他不敢表达自己支持政改方案的声音，因为一说出来就会被一些激进的同学骂成"五毛""孔乙己"。恶行恶状者嚣张跋扈，善良隐忍者忍气吞声，劣币驱逐良币，遂至黄钟毁弃瓦釜雷鸣。

认　　同

2013年，哈佛大学教授、曾获国际数学界最高荣誉"菲尔兹奖"的香港学者丘成桐这样写——

"九七回归时看着英国国旗降下，中国国旗升上时，真是感动不已。两百年来国家民族的耻辱终于去除了，这是我曾祖父、祖父以至父亲都期望着的一天。我想中国人终于在自己的土地上当家作主，可以完成自己的理想了，殖民主义者再不能假借自由为名来欺负香港老百姓了。

"但曾几何时，我在媒体上看见的大都是抱怨和灰色的事情，实在令人失望……老百姓示威游行，抱怨中央干涉太多……我也觉得奇怪，难道中央参与香港的事务比当年殖民政府还要多吗？竟然有一小撮人要升起港英旗，忘记我们的祖宗曾受英国凌辱，也忘了先烈们为国家流的血。"

"认识你自己"，这则刻在德尔菲神庙大门上的格言，对今天依然有指导意义。"政治认同",事实上对国家、社会以至于我们的日常政治生活,是最基本、最深刻也最重要的政治力量之一。对于港人来说,政治认同,事实上有着长期纠结的历史。

2002年,两名香港本地学者就撰文称,"身份认同上的左右摇摆,心理和认知上的模棱两可,恰好反映香港华人所处之境地、所经历的历史"。根据香港大学学者阎小骏的研究,香港人身份与内地人身份的真正区隔,事实上萌芽于1949年之后,原因很多,主要是政治制度和经济发展的差异。

回归以来,香港政治中曾引发社会争论和分裂的主要议题,无不与香港社会复杂的集体心理图景存在着重要关联,为政者不能不察。

历　　史

在阎小骏看来,香港社会的真正心结,其实是由于特定的历史因缘形成并传承下来的"避难者心理"。20世纪,中国内地战争和政治动荡不断,因英国殖民而得以与内地隔开的香港,成为很多战争和政乱受害者逃难的避风港。今天香港人口的基石就是由这些"逃港者"所奠定。

这种集体的"难民心态",首先是基于对中国内地的恐惧心理,希望与内地保持安全距离;由于这种历史背景,也使香港社会的集体心理在传统上"比较乐于见到内地不好的、落后的一面,而有意忽略内地的发展变化,以利于自身心理上的安慰和修复"。

这会带来什么影响呢?一方面,经过多年殖民管治的浸染,香港人与自己的文化母体——中国内地产生了相当的区隔感,导致回归后香港社会的不少成员对认同中国这个现代国家存在心理和认知上的障碍;同时,身为殖民地居民和血统意义上的"华人",香港人既不能拥有、也不被港英政府要求拥有对英国的认同。在当时中国和英国

"两不管"的状态下，除了少数拥有英国公民身份的华人外，港人的国家认同长期以非常独特的形式处于缺失状态。

这种集体心理，随着家庭和同侪教育代代相传，最终形成香港社会与内地建立良性关系的重要障碍。这种心理，有持续不安全感的一面，也有对于政治权力高度敏感的一面；它使香港社会的社群生活极度政治化（比如高铁、"双非婴儿"、单程证移民等社会话题都被认为有"政治阴谋"），又使"受害者"的心理广泛存在（比如对明明本地强势的粤语和繁体字感到恐慌和反应过激）。

启　　发

有研究发现，在新兴民主地区，反对派在和建制派的争斗中几乎总是占上风。因为反对派善于造势，善于挑动仇恨、恐惧等负面情绪，善于将自己包装成"民主代言人"，而将对手塑造成"威权打手"，且比较符合年轻人口味，更善于抓住年轻人心理。

香港的舆论环境如此，和香港某些势力与境外反对势力长期经营有关。比如，《时代》杂志把"占中"学生领袖放在封面，一些反对派媒体的极尽赞美之词，也给香港年轻人造成强烈的心理暗示：对抗即"风骨"，违法真"英雄"。

长期下来，小朋友当然会被教坏。这不是香港高校的毕业典礼第一次出现类似事件。2014年的时候，就有香港浸会大学毕业生在毕业典礼时上台撑黄伞作秀，遭校长陈新滋拒绝颁发毕业证书。

好在这一势头最近已有所扭转。政改风波后，香港社会痛定思痛，开始重新认识"一国两制"和基本法。香港候任议员宣誓时辱国和宣扬"港独"，全国人大常委会为此专门释法，香港法院也让这些人付出了应有的代价。这是对极端势力的当头一棒，让国家观念和法治观念在香港得到了应有的彰显。

2017 年 11 月，《国歌法》列入香港、澳门基本法附件三，给之前某些屡次嘘国歌的人敲响警钟、立下规矩。此次学生又对国歌不敬，校长义正词严地表态，也让风气为之一正。

香港社会习惯了低调做人的"沉默大多数"应该受到启发：若歪风邪气猖獗却选择沉默，看似明哲保身，恰足自遗其咎。香港人爱国爱港是理所应当，何错之有？当然应该大声说出来。

信息时代，话语权很重要。爱国不容妥协，理直就该气壮，唯有如此，正义、正确的声音才能蔚为主流。对于政治认同这个根本性和原则性问题，特区政府、香港精英阶层不应对一小部分"民意"采取一味迁就的态度，而应加强与社会的沟通，通过有成效的政策引导，有针对性地改变历史形成的香港社会心理状态。

如阎小骏所言，国旗、国徽、国歌等基本的国家标志，是最基础、最基本的国家认同；如果在一国之内的某些地区，这些最基本的国家标志都受到敌视，那么中央政府的首要任务，必然是确保国家的政治安全、领土完整和政权安全。

"只有在国家政治认同得到充分确立、国家秩序得到充分认可、国家政治标志得到充分尊崇的地方，中央权力才可能赋予地方社会更大的空间来繁荣属于本地区的文化图景和社区意识。"阎小骏如是写道。

【解局】美国的"台湾旅行法"是个什么鬼？

2018/3/17

东鲁虬髯客

从美国白宫传来的消息坐实：美国总统特朗普签署"台湾旅行法"，当地时间 2018 年 3 月 16 日起"生效"。

"台湾旅行法"是个什么鬼？说白了，它认为，美国的政策应当允许美方所有层级的官员访问中国台湾，允许台湾高阶官员在"受尊敬的条件"下来到美国，与包括美国国防部、国务院在内的高官会见，并鼓励"台湾驻美经济文化代表"在美展开业务。

前有"国防授权法"，后有"台湾旅行法"，联系到中美间近期多次互动，这究竟是要闹哪样？

细　　节

先来说一说签署的几个细节。

据美国白宫新闻发言人办公室 2018 年 3 月 16 日下午发布的声明，特朗普当天签署了 5 个法案，其中就包括"台湾旅行法"。也就是说，法案不是单独签署的，而是"打包过关"的，多少带点避免过度扎眼、刺激中国的考量。

按照美国立法程序，总统签署国会通过的法案后才成为法律。如果总统否决，国会能再以三分之二多数通过的话，法案自动成为法律；如果总统既不签署，也不否决，则法案在国会 10 个工作日之后自动生效。在这种情况下，特朗普既没有动用否决权，也没有乐见其成让法案被动生效，而是主动签署，也是一种明确表态。

"台湾旅行法"表达的是美国国会支持美台高层交往的意愿，虽然是立法而不是决议案，但并没有强制要求行政部门一定要执行。因此这个"授权给行政当局已有权利"的法律，象征意义大于实质意义。

事实上，过去多年，美国官方虽然对美台高层交往有自我约束，但还是不时有高官互访。现在人们关心的是，在"台湾旅行法"下，美国防长、国务卿之类的高官会否去台北，中国台湾地区的领导人会不会到华盛顿？即将面临的考验是，2018 年 6 月份美国在台协会台北办事处新办公大楼落成仪式，会有什么层级的美方官员参加？如果步子迈得太大，无疑会打破美国政府此前在涉台问题上的承诺，打开潘多拉的盒子，引起中方的强烈不满。

中国外交部发言人多次表示，上述议案有关条款尽管没有法律约束力，但严重违反"一个中国原则"和中美"三个联合公报"规定，如获通过实施，将对中美关系及台海局势造成严重干扰。

叫　价

法案签署，给中美关系带来了新的考验和挑战。

如同有专家指出的，在美国将中国作为主要战略竞争对手，即将在经贸上出台对华一揽子措施的时候，"台湾旅行法"确实会给美中关系增添新的变数，成为美国牵制中国的又一工具。

从特朗普的角度来讲，上台前就声称要在贸易上制裁中国；上台后，也在涉台问题上动作频频，又是同蔡英文通电话，又是放风非议"一个中国"原则。这种商人治国式的叫价冲动，贯穿在他的治国理政理念中，不会停止。一言以蔽之，试图做成大交易。台湾在他眼中，不过是筹码而已。

从美台关系来说，中国台湾长期深耕美国国会，渊源颇深。美国国会里所谓"友台"议员众多。中美 1979 年建交后，美台官方交往受限，但中国台湾一直没有放弃做美国政府和国会的工作，李登辉 1995 年访美就是"杰作"。马英九时期，两岸关系缓和，大陆对台领导人访美展现宽容姿态。

蔡英文上台后，两岸关系紧张，大陆对台湾采取了一系列限制和挤压措施，蔡政府寻求美国帮助的动机凸显，前一阵子台当局让在美深耕的吴钊燮当"外交部长"就是一例。在这背景下，2018 年 2 月 28 日，"台湾旅行法"在美国国会参议院以"无异议"方式通过。

可见，"台旅法"的通过有两方面原因：一是美国国会和某些势力对大陆这些年迅速发展和向外拓展的打压，"台旅法""国防授权法"只是打压的手段而已；二是台湾在面对大陆压力时主动出击。两者一拍即合，是极为不好的苗头。

有人说，特朗普上台后兑现了大多数选前承诺，但制裁中国上却未见具体动作，这主要原因是希望在朝核问题上得到中国的帮助。如今，朝核出现缓和迹象，中美关系却因贸易问题再度紧张。如果中美关系趋于对抗，那特朗普就可能利用此法邀请台高层访美，给大陆制造困难。

围绕涉台问题的博弈，是中美大博弈的其中一环而已。

两　手

说到底，"台湾旅行法"与更早前通过的"国防授权法"，以及暗示售台湾 F—35 战机等先进武器，不过是特朗普玩弄台海的几张新牌。具体怎么玩，要看牌局的形势。美国不过是把中国台湾当成牵制中国大陆的棋子，一旦引发危机，受冲击最大的无疑还是台湾自己。

国民党孙大千认为，"台湾旅行法"生效恐对"美中台三角关系"造成多重影响。第一，蔡英文必然将承受来自大陆巨大的压力；第二，美国形同把中国台湾紧紧地绑在同一辆战车上面；第三，北京被迫对此行为作出具体响应；第四，台湾将被迫放弃过去半个世纪以来存在于台海的"创造性模糊"的保护伞。

国台办发言人马晓光明确表示，奉劝台湾方面不要挟洋自重，以免引火烧身。毕竟，美方粗暴破坏中美关系政治基础，给"台独"势力发出错误信号，势必助长"台独"势力气焰。

2018 年 3 月 15 日闭幕的大陆全国政协会议发表政治决议，再次重申，要坚持"一个中国"原则，在"九二共识"基础上推动两岸关系和平发展，推进祖国和平统一进程，坚决维护国家主权和领土完整，绝不容忍任何"台独"分裂图谋与行径。

在岛叔看来，无论局势如何变幻，大陆将继续坚持软硬两手。一方面是持续落实惠台 31 条；另一方面，更要未雨绸缪。试想，一旦发生美舰泊台、蔡英文官式访美，出现"拆房毁田"的态势，则谁也无法保证不"武统"。

事实上，大陆是否对台"武统"取决于很多因素，最主要是"台独"、外力是否触碰"武统"的红线，而这并非大陆单方面能够决定。大陆《反分裂国家法》提出三种情况下得以"非和平手段"处理台湾问题，包括"台独"分裂势力以任何名义、任何方式造成台湾从中国分裂出去的事实，发生将会导致台湾从中国分裂出去的重大事变，或和平统一的条件完全丧失。

这三种情况，是任何涉台方都不得不考虑的事实。

第五部分　国际篇

【解局】最近，一股反华情绪在西方悄然蔓延

2018/1/1

雪山小狐

多年以前，西方一些国家怕是怎么也不会想到，今天的自己会如此"惧怕"中国。

2017 年 12 月 15 日，时任澳大利亚总理特恩布尔用中文高喊"澳大利亚人民站起来了"，指责中国对澳进行"政治干预"；同年 12 月 10 日，德国指控中国试图在德培养"亲中"的政治家，还专门举行了关于中国"不断增长的影响力"听证会；就连长期占据世界中心位置的美国也坐不住了，在《国家安全战略》中，直指中国是"修正主义国家""战略竞争对手"……

当然，最"气势汹汹"，也貌似最"言之凿凿"的，还要数最近《经济学人》的封面文章——《锐实力：中国影响力的新模式》。这篇文章不仅援引了很多所谓政治学理论，称这是一把"能穿透文化壁垒，改变西方价值观的利刃"，还为一众西方国家敲响了"边鼓"，传播很广。

既然对中国作出如此"高"的评价，本着开放的心态，那我们不妨也来学习一下这篇文章。

"锐 实 力"

"锐实力"到底是什么意思？

为了解释这个概念，《经济学人》颇费周章地引入了一个大家非常熟悉的理论——"修昔底德陷阱"。就是说，当一个崛起中的大国挑战现有的超级大国，战争常常会随之到来。很明显，"正在崛起的大国"指的就是中国，而"现有的超级大国"则是以美国为首的西方国家。

那么，为了验证这一理论，《经济学人》给出了怎样的论据呢？它说中国最近被指控"寻求操纵西方世界的舆论"，这一行为"前所未有且越发老练"，西方各国对此十分警惕。比如，澳大利亚已经决定禁止政治献金，以"防止中国的政治渗透"；英国、加拿大、新西兰等国也接连拉响警报。

在《经济学人》中，这一系列未经证实的指控，就是"锐实力"。"'软实力'利用文化和价值观的诱导，来强化一个国家的实力，而'锐实力'帮助威权政权绑架和操纵国外的观点。"

《经济学人》没有指出的是，"锐实力"的概念其实是由美国民主基金会（NED）于 2017 年初针对中国和俄罗斯提出的。在中国社科院美国问题专家吕祥看来，这就是一轮由 NED 主导、目标在于在全球阻击中国与俄罗斯影响力的新一轮宣传攻势。

于是乎，该文章涉及中国的用词也就毫不收敛了。它先是指出，"中国长期以来试图用签证、金援、投资和文化来追求自身利益。但是它最近的行动越发显得有胁迫性而且无处不在"。

然后，《经济学人》又一口气指出了中国"锐实力"的三大表现：颠覆政府、霸凌小国和施加压力。"对中国来说，最终目的是要那些没有接触过但又担心失去资助或影响力的国家对其无条件臣服"；"中国在历史上长期监视着其在海外的华人，不过颠覆（外国政府）的行动已经铺开"；"惹到中共后果常常十分严重"。

"冷　饭"

有实例吗？

除了封面文章以外，《经济学人》还专门辟了一篇文章，解释"锐实力"的具体表现。但是且不说背后的逻辑有很大硬伤，单看这些内容，不过是早些年西方一直在炒作的"中国威胁论"。过几年就换个名词，又来炒一波"冷饭"，执着的精神感人。

比如，永远不变的"孔子学院"。文章提到，"虽然孔子学院在对外交流、传授汉语方面深受外国人喜爱，但不经留意，中文课的学生们会对中国的'集权主义'产生留恋之情"，"许多国外大学已经用孔子学院的中文课程代替了原来的语言科目……这是政府砸钱的结果"。

中国的社交媒体这个万年"背锅侠"也没能幸免。文章在提到2018年下半年澳大利亚的"争议教参"事件：澳大利亚教授在黑板上用中文强调"不要作弊"，用印度地图解释中印边界线，称"台湾是独立的国家"……《经济学人》很不能理解，为何这一事件会在中国社交媒体引发轩然大波，更不明白两位教授为何会致歉和被停职。

正面想不通，那就得在侧面扣个帽子。于是，这两件对中国人来说再正常不过的事件，在《经济学人》那里，却变成了"中国妨碍国外学术自由，渗透西方学界的证据"。

"神奇"的指控还有很多。比如，中国国际广播电台在全球14个国家都有波段，这就"涉嫌操控33个电台"；近几年一些国家对中国的看法日益积极，原因是"中国政府动用手段遏制不利言论"……

焦　虑

西方国家为什么会如此惧怕和抵触中国？

不用长篇大论，原文就能回答这个问题。这篇文章有两句话值得关注：提到中国的影响力时，它指出"中国有很大的胃口要去重塑全球参与秩序——目前的秩序大都是由美国和西欧国家制定的，而且总是被它们拿来证明自身的行为的正当性"；

另一处则是结尾，在论述应该如何应对中国"锐实力"时，文章写道："西方需要坚守自身的原则……对西方来说，避开修昔底德陷阱的第一步，就是要利用自身的价值观来让中国的锐实力变'钝'。"

很明显，真正让西方难受的，是自己的价值观和以自己为主导的全球秩序看上去受到了"威胁"。这其中既有政治经济利益的驱动，也有价值观的考量。

首先，他们担心，一旦中国更加深入地参与到国际事务中，国际秩序将不能按照他们希望的那样发展，之前所赖以获取的"发展红利"也将难以为继。其次，或许也是西方更不愿意承认的一点，就是其正在对自身的发展模式和长期以来的价值观丧失自信。正如《人民日报》署名"钟声"的评论文章所说，盯着太阳就不会被阴影困扰。如果对自身的发展模式足够坚定，又何惧外来世界的影响和"威胁"呢？

这些年来，中国成为世界第二大经济体，着力推动"一带一路"倡议，深度参与包括反恐、维和、国际卫生防疫、控制气候变暖、推动全球经济复苏等重大议题在内的全球治理，成绩有目共睹；形成鲜明对比的则是西方世界的现状：经济停滞不前，恐怖主义事件频发，中产阶级日益焦虑，贫富差距扩大，种族隔阂，民粹主义抬头……在不少专家看来，正是这样一种焦虑致使西方重拾了过去的"冷战"思维和零和博弈的观念，并将自己的发展不顺"迁怒"于中国。

反　转

有趣的是，如果把时间往回推三四十年，那时中西方的角色是互换的。面对强盛的西方世界，我们曾抵制可口可乐，抵制好莱坞，抵制西方的公司制，生怕被资本主义"腐蚀"。短短三四十年后，就在中国大力倡导多元文化、努力推动全球化格局和更公正合理的国际秩序的时候，西方国家却撤退了。

行动背后的心理自然不难理解。试想，一个长期以积贫积弱形象示人的落后国家，突然要赶上甚至超过你，谁心里会好受？更不要说，这些长期以"教化"世界为己任的西方国家，历来对中国等社会主义国家和广大发展中国家持有心理和文化上的优越感。

在吕祥看来，由于文化传统、战略视野不同，我们可能很难为西方国家树立"正确"的标准，只能期望西方个别国家不要让一种弥漫性的恐慌情绪，遮蔽了其对世界的正确感知和理解能力。但对于中国来说，做好自己的事情，永远是正确之道。

2017 年 12 月，在中国共产党与世界政党高层对话会上，习近平主席曾明确强调："中国不输入外国模式，也不输出中国模式。"

在吕祥看来，中国没有必要在世界上引发"制度之争"，更没有必要对外输出我们的治理模式。但是，由于中国在世界的影响不断扩大，世界其他国家更深入地了解中国的动力也在增强。因此，中国有必要与全世界更广泛深入、实事求是地分享有关中国发展的事实和路径、经验与教训，"释疑"才能"解惑"，才能"增信"。

最好的分享方式，就是向其他国家展现中国面对的问题和矛盾，以及我们如何认识问题、解决矛盾的。特别是对同样面临艰巨发展任务的国家而言，这样的分享将是极为有益的。这不是 NED 渲染的所谓"锐实力"，而是基于人类命运共同体信念之上的中国探索。

【解局】特朗普上任后首份国情咨文，透露了怎样的对华信号？

火山大狸子

2018年1月31日上午，特朗普发表了就任总统后的首份国情咨文。

尽管已经有了几天前达沃斯演讲的铺垫，这份长达80分钟的国情咨文的"寡淡"还是超出不少人的心理预期。一方面，他几乎没有谈到贸易保护主义问题和多边外交关系，仅提到中国一次；另一方面，稿件完全超出特式演讲风格，引用了包括老兵、美国英雄、少数族裔等在内的普通人的故事，与其就任时只字不提自由民主的形象大相径庭。

如此克制的特朗普到底想干什么？这份看似平淡无奇的国情咨文背后是否还有其他玄机？

风　　格

首先厘清一个问题：国情咨文到底是什么？

全球化智库（CCG）特邀高级研究员、清华大学国家战略研究院研究员寿慧生指出，国情咨文不同于国家安全战略报告。作为传统，国情咨文是给在任总统一个自我标榜的机会，咨文中的承诺很少能够、也很少需要真正执行。盖洛普公司就曾经做过一个调查，发现在咨文发布前后，人们对政府的态度基本不会产生大的变化。

再来看特朗普的首份国情咨文。

首先，整篇国情咨文都充斥着传统"建制派"的风格，尤其是开头，花了大篇幅讲述各类美国英雄式人物的故事。一开场，特朗普就提到了此前一年的加州火灾、哈维飓风、拉斯维加斯枪击等事件，然后声情并茂地称赞了很多勇于奉献的海岸警卫、议员、消防员等平凡的小人物，场面一度十分煽情。

这么做的原因，无非是尽可能地修复共和党的形象，以期在之后的中期选举中争取尽可能多的优势。

演讲中，特朗普还一改过去好斗的形象，多次敦促两党合作："今晚，我呼吁大家搁置分歧，寻求共识，为选我们的人民而团结。"

在中国人民大学国际关系学院副教授刁大明看来，这背后折射的是美国日益严重的"治理混乱"和党争极化现象，是为了争取国内两党团结的表现。特朗普上台一年后，他所面临的国会环境显然要比之前严峻："2017 年 12 月亚拉巴马州参议员补选之后，参议院共和党与民主党的席位对比降为 51∶49、共和党仅占'最小多数'。这意味着如果参议院 51 个共和党人在某些议题上出现'跑票'的情况就很难挽回，参议院共和党掌控议程的能力处于最低水平。"

特朗普的这一举动显然没有赢得在场所有人的认同。就在特朗普发表演讲期间，共和党人纷纷起立鼓掌，民主党人则冷漠回应。

国　　内

这并不影响特朗普政府宣扬"美国第一"的战略。

诚如特朗普在达沃斯上解释的那样，"美国优先"不是"美国独行"，"作为美国的领导人，我会永远把美国放在第一位，就像其他国家领导人永远把他们的国家放在第一位一样"。这次，特朗普也高呼，

"这是我们的新美国时刻，没有比现在更好的时候来实现美国梦了"。

如何实现？对于特朗普政府来说，税改是一个重要的抓手。花费了大段时间，讲述共和党上台之后美国的经济成绩："自选举以来，我们创造了 240 万个工作岗位，其中仅制造行业就新增了 20 万个岗位"；"多年的停滞后，工资水平开始上升"；"失业率达到了 45 年以来的新低。股市交易屡创新高，创下 8 万亿美元的纪录"……

对于这一成绩与特朗普政府的经济政策是否有必然联系，学界尚有争论，但不可否认的是特朗普治下，美国经济正迎来自 2010 年以来最好的时候。

此外，基建、国防建设和移民等民主党的传统提议，也在咨文中占据了相当的篇幅。比如，在基建上，特朗普高呼，要将竞选时提出的 1 万亿美元基建投资增加到 1.5 万亿美元："美国是建造者之国，我们用了短短一年的时间就建成了帝国大厦，如今一条简单的道路可能要用十年的时间来获得审批许可，这难道不是一个耻辱吗？"

对此，不少专家表示，成功推行税改政策之后，基建投资可能会成为特朗普的首要计划。不过，在现行减税政策下，美国政府将会怎样应对财政压力，这 1.5 万亿美元从何而来可能还是个问题。

在一贯强势的移民问题上，特朗普则展现出不同于以往的慷慨。他强调，对于那些从小被父母带到美国的非法移民，只要达到教育和工作要求、道德品质合格，都可以成为合法的美国公民。尽管声明要终结"连锁移民"，但是他还是花费相当的篇幅讲述美国现行移民政策对直系亲属的保护。

国　　际

专注于国内是否就意味着不过多参与国际事务，或者对地缘政治问题持更加温和的态度呢？

情况可能恰恰相反。在寿慧生看来，以往人们可能对特朗普有一些误判，认为他的反全球化口号意味着传统意义上的"孤立主义"，要让美国切断与其他国家的经贸往来。但达沃斯论坛和此前的系列言论都证明，美国第一的战略可能会使美国更在意自己与其他国家之间的利益得失。

尽管此次国情咨文涉及国家战略和地缘政治的部分比较少，明确提及中国的只有一处，更多地方则是含沙射影，但其口气也并不客气。比如，在提到经贸问题时，特朗普强调，"我们国家曾经失去了的财富，我们现在正在迅速夺回"，"经济衰退的时代已经结束了……我们期待更加公平的贸易关系"，"我们将通过严格执行贸易规则来保护美国工人和美国知识产权"。

专家表示，相较于此前《国家安全战略报告》赤裸裸地宣称要解决与中国的贸易不平等问题，以及更早之前不承认中国的市场经济地位，将中国列为汇率操纵国等，这次的表述没有指名道姓，更接近于泛泛而谈。但细究其中的表述，其实还是老腔调。这说明在经贸问题上，美国对中国的偏见，可能已经根深蒂固，值得中国严肃对待。

对国家的战略定位亦是同理。仔细阅读整篇咨文会发现，明确提到中国的地方只有一处，就是称中国和俄罗斯是美国的重要对手（rivals），并认为中国是一个危险因子（danger）。

在寿慧生看来，中国不可因为特朗普的某些温和言论而对其报以不切实际的幻想。美国与其他经贸大国的摩擦将是未来的常态。中国必须有足够的心理预期和政策预案。

对此，外交部发言人华春莹也在例行记者会上做了回应，希望美方摒弃冷战思维和零和博弈的过时观念，正确看待中国和中美关系，同中方相向而行，相互尊重，聚焦合作，管控分歧，维护中美关系健康稳定发展。

【解局】突然跟中国领导人套近乎？特朗普的谈判术你要懂

2018/4/9

公子无忌

"尽管中美两国发生贸易纷争，习主席跟我永远是好朋友。我们两国一定会有美好的未来！"

2018年4月8日晚，特朗普最新的推特这样写。一会儿杀气腾腾，一会儿横生指责，一会儿又打个巴掌揉三揉，特朗普的推特真的可以看作是情绪转化的范本。

不过，问题都是可以研究的。

一 以 贯 之

假期，有不少岛友在侠客岛的用户群里发一个小视频，内容是1988年脱口秀主持人奥普拉对时年42岁的特朗普的一段采访视频。整整30年前，当时的"老特"还是"中特"，但发型已经基本固定。

之所以大家转发这个视频，是因为人们惊讶地看到，30年前，特朗普对美国外交政策、对美国政客的批评中，已有许多观点与今日惊人类似。

其实，1987年，41岁的特朗普在连线CNN、接受名记者Larry King的采访时也是类似的观点，只不过那一次他反复在强调，通过当下的世界贸易体系，美国"每年都在损失 2000 亿美元"，"很亏"。

从这一角度看，特朗普对于国际形势的看法倒是 30 年"一以贯之"。其上台后的诸多手段，倒像是在践行着 30 年前就已成型的世界观和外交政策观——只不过当下他眼中的"挑战者"和"不公平贸易者"，从日本变成了中国。

这个视频也给我们一些启发意义。

在没有当上总统之前，特朗普是一个成功的地产商，同时也是一名畅销书作者。他的 *The Art Of The Deal*，曾经数十次登上《纽约时报》最畅销书榜。这本书的中译本有很多名字："交易的艺术"，"做生意的艺术"，"特朗普自传：从商人到总统的成功之道"，等等。这本书也是在上述两个视频的年代写就的，当时特朗普刚过完 40 岁生日。

既然 30 年前的特朗普已经形成了一些今日得以实践的"政观"，或许我们也可以在这本书中，寻得他当下依然在践行的"交易观""叫价法""商战守则"。

计算与强硬

40 岁时的特朗普比较谦虚。当然，在书中提到的，都是他的得意之作、经典案例。

他时刻把自己称为在纽约"市郊"长大的孩子，记得自己刚入行时手里只有 20 万美元，第一次跟 Tiffany 的老板谈生意让他觉得自己没见过大世面，而他的父亲则是一名给穷人造廉价房起家的普通地产商。

从今天看，如书中所言，他继承了父亲的一些特质：精于计算、遇事强硬。

直言不讳地说出自己认为其他国家占了美国便宜，直言不讳地向军事盟友和贸易伙伴要钱、要弥补逆差，可以看作是这种作风从商场到政界的延续。在书中，40 岁的特朗普这样说——

"我父亲知道这行的所有价格，没有人骗得了他。"

"我从不乱花钱，从父亲那儿我学到了积少成多的道理，每一分钱都是有价值的，它们积聚起来就是财富。直到今天，如果我觉得承包商跟我要价过高，我都会直言不讳地提出来，哪怕是为了5000或1万美元。有人不理解，问我：何必为了这些小钱斤斤计较呢？我的答案是，如果哪天我不能拿起电话，花25美分的电话费讲下1万美金的价钱，我就该破产了。"

这种强硬和好斗来自每一次与人的交锋以及胜利。他的交锋对象，包括政府，包括下游商人、干活儿的工人、租客、律师以及生意伙伴、对手、媒体——"我从父亲那里学到，棘手的生意要强硬"。

有一次，他的承包商想要在原来要价的基础上索取额外报酬。特朗普直接打电话："别跟我说这些没用的，把活儿给我干好，立马走人。你听着，你提的这些额外报酬简直就是在宰我。有事直接联系我，如果你再敢玩花样，我让你吃不了兜着走。"

同样是这座大厦，对付工人，他则软硬兼施，强硬不行就"利诱"——

"特朗普公司以后会有很多活让你们做，这一点任何其他一家公司都办不到，别人破产的楼我都会接手重建，所以把这次活干好，以后还有很多机会。"

他评价自己"基本来说，是一个很好相处的人"，"谁对我好，我也对他们好"。"但是，如果有人对我态度恶劣，或者不公平，甚至想利用我，我的原则就是有力反击"。他坚信，虽然这一过程可能有风险，可能疏远某些人，但是"事情到最后都会出现转机"。

如果对照今日特朗普在军费、关税、贸易等事上，对欧盟、对亚洲盟友、对北美、南美的"分而治之""各个击破"的手法，就会发现这一手法几乎如出一辙，只不过对象从具体的人变成了国家。有的服软了，有的疏远了，但总体都在他的利益框架和谈判操弄之下。

国际政治这个舞台，看上去就像是特朗普对纽约地产市场的看法："跟你打交道的，都是业界最厉害的人物。幸运的是，我愿意跟他们打交道，跟他们斗智斗勇，然后打败他们。"

要价与牵制

在商业谈判、营销自己和项目上，特朗普也有自己的交易原则。作为商人，他擅长"追涨杀跌"。

比如买海湖庄园这座他招待习近平主席的别墅。1982 年，他开价 1500 万美元想买，但是当时卖方的要价则是 2500 万。特朗普了解到，卖方跟多个买方洽谈过，这些人的出价都比他高。但每一次交易谈崩，特朗普就再报一次价，一次比一次低。很匪夷所思？但最终，1985 年，特朗普用"500 万美元现金买房 + 300 万买室内家具"的方式就买下来了。

"做生意讲究时机。光那些家具都比我买整个房子的价格贵。再喜欢的东西我也要等到价格合适出手。"

当他自己卖特朗普大厦的公寓时，他信奉的则是"欲擒故纵"。在当时，这种营销手段还比较反常规。他会告诉买家，很多人排着队等着买，自己看上去则一点不着急。用这种方法，他一共提价 12 次，高层住宅价格翻了一番，大厦还没盖好，房子就卖出了大半——当然，这种手法，帝都的人民见得多了。

特朗普有自己的原则："做生意，一定要想办法牵制对手"。这个对手，就是交易对象——当然，在今天，对手的含义则可能更广。

所谓"牵制对手"，就是"你手里要握有对方想要、需要、离不了的东西"。特朗普在畅销书里写，"在一笔生意中，千万不要表现出你为了生意奋不顾身，这会让对手轻而易举地把你干掉。在生意中，要善于发挥优势，能够牵制对手，就是一大优势"。

要做到这一点，需要多方面的手段，"发挥自己的创造力和营销手段"。比如他在大西洋城建赌场，有投资者感兴趣，他就"想尽一切办法，让对方相信赌场已经基本建好了"，虽然事实并非如此；但是他"所做的，只是将他们脑中预设的情景进行了确认，从而成功牵制了对方"。营造幻象、制造名词和噱头，抓住交易对手心理，特朗普成功地在地产市场上闪转腾挪。他在商场成功的经验，没有理由不用到现实政治当中来。

他也喜欢并且享受"虚张声势"："很多人不敢从大的方面想问题，但是当他们看别人这么做，自己也会跟着兴奋。所以，适度的夸大可以接受，有的人就是喜欢那些'最大型、最重要、最气派'的东西。我把这叫作真实的夸大，它是夸张的温和手法，也是营销当中的一种有效策略。"

30年后，当特朗普在竞选时和上任后喊出一个又一个让政客和媒体目瞪口呆的"离经叛道"的口号的时候，他会不会想起自己当初写下的这段话？

与强者相处

岛叔也想起了40年前一位中国领导人写下的话。虽然时移势易，但是依然有参考价值，值得美国听一听。

"坦率地说，里根先生在竞选纲领中说的有些话确实使我们有所不安……我们理解在你们国家竞选中的语言执政后不一定付诸实施，我们重视的是里根先生就任后将采取什么行动。

"我们有'块头大'这个好处，还有就是不信邪。中国人向来是根据自己的见解行事的。……在非常困难的时候，我们也敢于正视现实。……对中国在世界政治中的地位发生错误判断的人，起码不会有一个正确的国际战略。

"（美国有）观点说中国现在有求于美国，美国无求于中国。中国是很穷，但有一个长处，就是中国本身的生存能力比较强，还有就是穷日子过惯了……即使现在世界发生大的动乱和各种难测的变化，中国自己也能够活下去。以为中国有求于人的判断，会产生错误的决策。

"（美国有观点）认为如果美国政府……采取强硬政策，……（其后果）中国可以吞下去。吞不下去，不会吞下去的。如果真的出现这样的情况……中国不会吞下去。中国肯定要做出相应的反应。我们说中美关系停滞不好，倒退更不好，但是一旦发生某种事情迫使我们的关系倒退的话，我们也只能正视现实。

"从发达国家取得资金和先进技术不是容易的事情。有那么一些人还是老殖民主义者的头脑，他们企图卡住我们穷国的脖子，不愿意我们得到发展。所以，我们一方面实行开放政策，另一方面……必须在自力更生的基础上争取外援，主要依靠自己的艰苦奋斗。"

这种语言风格大家也看出来了，是邓小平。

40岁的特朗普也在书中回忆了当年自己在纽约军校时的经历。他提到了一个教官，学校棒球队的教练，当时特朗普是队长。这个教练很严厉，尤其对那些有背景的学生如此。特朗普"很快就发觉，自己在身体上不是他的对手"。结果呢？有一部分不服，都被收拾了；大部分则对教官唯命是从，成了胆小怕事的人。

但特朗普呢？他自己总结的秘诀是，"以智取胜、讨他喜欢"。

"我让他知道，我不怕你，但是非常尊敬你。这是一种微妙的制衡。……这样强势的人，如果你跟他对着干，一旦他发现你的弱点，就能轻而易举击败你。但是，如果你也很强势，却又尊重他，他就会真诚对你。明白了这一点，我们相处得非常愉快。"

有趣的是，当时他写在书中的一段颇有点"不堪其扰"之感的话，今天倒可以在某种程度上，换作中国来说：

"即使我不犯人，也总有那么一些人想置我于死地。要知道，当你成功之后，别人的很多羡慕和嫉妒就会接踵而至。这种人认为阻止别人成功就是本事，我称他们为生活的失败者。如果他们真的有本事，应该去积极构建自己的人生才对，而不是处处给别人使坏下绊。"

【解局】特朗普发动贸易战，意图不简单

曾志敏

"这样的制裁使公司进入休克状态。"2018 年 4 月 20 日下午，中兴董事长殷一民在新闻发布会上如是说。

2018 年 4 月 16 日，美国商务部宣布，禁止美国公司向中兴通讯销售零部件、商品、软件和技术，为期 7 年。四天后，处于风口浪尖的中兴终于正式对外发声，言语间尽是无奈。尽管在发布会的最后，殷一民表示有信心度过危机，但当下，中兴上空弥漫的无疑是大片的阴霾。就在中兴发布会前约一个小时，美国再度发声，称对中兴的禁令目前毫无协商空间。（注：之后达成和解协议）

其实，不仅是中兴，最近一段时间，美国针对中国经贸问题已经打出了一系列"组合拳"，其中不少让国人觉得难以接受。那么，如何理解美国对中国态度的转向？美国多番在贸易问题上"找茬"又出于何种目的？

*　　　*　　　*

要探讨美国对华贸易问题的根本态度，一个不可回避的问题是，美国对华整体策略究竟是怎样？最近，有业内人士担忧，美国传统对华接触战略面临深刻变化，美国精英阶层对华战略判断可能已经发生了重大消极转变，中美间爆发"新冷战"的可能性正在增大。

245

意　图

在此背景下，特朗普政府对华贸易战，显然不只是要解决贸易逆差问题，而是要通过经济对立形成对中国经济遏制的绝对优势，尤其要遏制中国在关键科技与技术创新领域的发展潜力，逐渐消耗中国在经济上的国力。因此，我们看到，此次美国对华贸易战肇始于针对技术转移、科技创新、知识产权等领域问题的"301 条款"调查，可以说是"项庄舞剑，意在沛公"。

之所以这么说，是因为中美巨额贸易赤字成因复杂，简单地把责任归咎于中国，明显不合适。综述相关研究发现，大概有四个因素：

第一，中国是全球产业链诸多制造业的最终集散地。很多产业链上游的国家会选择将零部件输入劳动力、土地等成本相对较低的中国，由中国加工完成后再输往美国。这其中涉及贸易价值核算的问题，如果去除掉"中间产品"的价值，美国对华贸易赤字将显著缩减。

第二，美国政府选择对华高科技产品出口管制。众所周知，高科技产品出口能够创造大量利润，但美国政府对华高科技产品出口管制却愈演愈烈，其背后的意图显然不简单。

第三，美元长期保持坚挺。由于美国金融市场的优势地位，美国长期是全球资本流动的理想避风港，甚至吸纳了全球近半数的净资本出口。这就促使美元长期保持坚挺，实际上也就不可避免地使美国出现贸易赤字。

第四，中国服务业开放程度远低于制造业。因此，人们大多关注中对美的商品贸易顺差，而容易忽略中对美的服务贸易逆差。其实，中美两国的贸易失衡在近年来已经有了显著的改善。2016 年以来，美国的贸易逆差占整个美国 GDP 的比重是处于下降趋势的，货物贸易逆差占美国 GDP 的比重从 2005 年的 6% 以上下降到如今的 4%。

现在特朗普把双方的贸易问题提高到如此程度大做文章，显然别有用意。

行　动

从近期动作来看，美国正动用一系列的组合拳，大力巩固它位于全球科技创新经济制高点的地位，全面延缓中国在关键科技创新领域的步伐。

第一，关税矛头指向"中国制造2025"战略。加征的关税覆盖该战略所辖的十大高科技产业，比如新一代信息技术、航空航天设备、海洋工程装备、高技术船舶、新能源装备等。

第二，限制中国通过收购美国企业获取高新科技。特朗普的总统备忘录明确要求美国财政部限制中国对美投资。这一举措可能和美国国会正在讨论的外国在美投资审查委员会改革相结合，进一步扩大对中国对美投资的审查范围和力度。

第三，美国对中国吸纳高科技人才的国家战略如"千人计划"等非常警惕。FBI通过一系列近乎无耻的手段，严厉打击华裔学者和留学生通过在美国学习工作"窃取"核心技术的所谓"间谍"行为，同时加强对高端人才的争夺。可见，美国对付中国高科技发展，是系统化的打击计划。

差　距

为什么美国现在把中国的高科技发展问题看得如此严重？这可能跟中美在高科技领域投入上的激烈竞争以及日渐缩小的差距有关系。

通过下图可以看出，中美研发投入近年来越来越接近，中国在最新技术的研发投入，有可能在2018年就达到美国的两倍。

不过，需要清醒地看到，尽管中国在科研上的投入越来越多，中

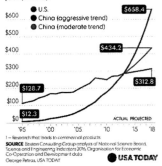

CHINA OUTSPENDS THE U.S. IN LATE-STAGE RESEARCH & DEVELOPMENT
China is expected to spend up to twice as much as the U.S. on late-stage development research[1] by 2018. Actual and projected spending per year (billions):

- U.S.
- China (aggressive trend)
- China (moderate trend)

1 – Research that leads to commercial products
SOURCE Boston Consulting Group analysis of National Science Board, Science and Engineering Indicators 2016, Organisation for Economic Co-Operation and Development data
George Petras, USA TODAY

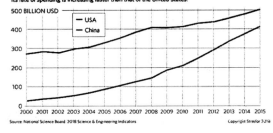

Chinese Research and Development Is Growing Fast
Its rate of spending is increasing faster than that of the United States.

Source: National Science Board: 2018 Science & Engineering Indicators
Copyright Stratfor 2018

美之间的科技实力差距仍然巨大，尤其是在原创和前沿领域。比如，近期一些文章指出，在一定程度上，美国用一台发动机就可以掣肘整个中国制造的发展。虽然有夸张之处，但也深刻说明了中美的差距。而在航天领域，中国竭尽半个多世纪之力，至今还没造出一个成熟可靠的核心机，难以匹敌波音 737。

再看企业收购的情况。2018 年美国以国家安全为由，多次否定中企收购美国半导体企业。华为和中兴为什么现在特别紧张？因为很难从美国甚至欧洲拿到想要的前沿技术。新加坡博通公司收购高通案，美国政府也以担忧高通被收购后华为会取而代之成为 5G 标准的领导者的理由，否定了这笔收购。

原　　因

那么，进一步看，为什么美国的科技创新能力如此之强？

一个例子可以说明。前段时间，特斯拉公司的老总马斯克发射 Space X，相信大家都知道。一个民营企业，完成了包括中国在内的很多国家都没法实现的猎鹰重型火箭发射任务，不可谓不让人惊叹。

而马斯克之所以取得此番成绩，其实也与美国政府的支持离不开关系。通过搜索美国太空探索技术公司（Space X）与美国国家航天航空局（NASA）的官方网站，可以发现，这种支撑主要体现在三个方面：

一是NASA借助科研人员相互流动，为Space X提供了不竭的知识来源和技术支持；二是为Space X提供一般国家和普通企业难以独立建设的试验场所和发射场地；三是通过外包航天发射的合同，帮助Space X实现资金周转。

与此同时，Space X也为NASA提供了正向反馈，包括通过商业化运作航天发射压缩发射开支；企业决策周期短且灵敏度高，可以快速实现技术的转化运用；还有实现实验及发射数据共享，为NASA自身项目提供必要知识支持等。

Space X只是美国科技产业的一个缩影，其折射的则是美国军民融合内在拥有一整套完整的制度体系，以促进科技成果转化。

早在20世纪80年代，美国就先后颁布《联邦技术转移法案》"12591号行政命令"和《国家技术转让竞争法》，为联邦实验室向企业实施技术转让和商业化提供了系统化的法律依据。事实上，从1980年的"拜杜法案"一直到现在的38年中，美国政府几乎每平均两年就出台一个推动创新的法案，为整个国家的官产学研体系、军民融合等提供了强有力的法治体系。

应　　对

总结来看，当前应对美国对华贸易战，尤其要与美国竞争高科技领域的制高点，除了必要的回应措施以外，还是要认真地去学对方背后的真功夫。

因此，我们的基本观点就是，不能将眼光局限在贸易报复措施，而是要将贸易战置于如何加快促进我国创新型经济发展的大局之下进行通盘思考，尤其避免堕入军备竞赛，进而落入国民经济军事化的陷阱。

美苏冷战期间，军民融合的良好机制极大促进了美国的民营经济蓬勃发展，但苏联的国民经济却陷入了崩溃境地。若国家不信任民营经济，一旦中美新冷战爆发，就可能促使国有资本全面侵入到国民经济的每个领域，进而可能严重抑制创新活力和经济效率，从而导致国民经济受到严重影响。

基于此，我们提出三个方面供参考。其一，必须旗帜鲜明地推动深层次的改革开放。资本"无国界"，中国需要通过进一步推动深层次的经济制度改革和市场开放（尤其是服务业）来吸引外国资本，消除贸易逆差产生的部分结构性障碍，创造对我国有利的国际舆论，以外压促进国内经济的深度转型升级。

其二，加快内生型国家创新体系建设。加快以国家实验室为代表的战略性重大创新平台建设，并且将战略性创新平台的布局与京津冀协同发展、长江经济带、粤港澳大湾区等国家级区域经济发展战略相结合，打破限制科技创新和科技成果转化的体制机制约束，探索更加自由灵活的创新激励机制。

其三，主要吸纳民营经济推进实施军民融合。加大对非公有制经济发展的扶持力度，着力改善营商环境，积极引导支持民营企业参与军民融合发展，切实推动军民用技术的相互交流和转化，把国防和军队现代化建设深度融入经济社会发展体系之中。

总而言之，中国确有建设创新型大国的决心和信心，但单有决心还不够。只有认识到差距，坚持对科研的投入，真正尊重科研、知识产权，中美之间的科技鸿沟才可能被填平。

（作者是华南理工大学公共政策研究院副研究员）

【解局】白宫内部报告揭露美国打压 中国芯片行业内幕

2018/4/24

火山大狸子

中兴风波，对中国的半导体乃至互联网科技行业无疑是一次深刻的教育。

2018 年 4 月 23 日，京东 CEO 刘强东公开称，中兴事件"重重打了所有中国互联网企业一个耳光"；阿里巴巴也于近期宣布全资收购芯片公司天微，并投资六家芯片公司。一时间，要"举全国之力"赶超美国芯片行业的呼声甚嚣尘上。

有决心固然很好，但也应充分认识到以芯片为代表的半导体行业竞争的激烈性。

最近，岛上拿到了一份由美国总统科学技术咨询委员会发布的名为《确保美国半导体的领导地位》的报告。报告虽然发表于 2017 年的 1 月，但其对中国的屡次提及，却可以让我们窥见此次美国"切断"中兴后路，遏制中国半导体行业发展的逻辑。

逻　辑

既然要全面"狙击"中国，那就得师出有名。于是，文章一开始就下了个判断："从历史上看，全球的半导体市场从来不是一个完全竞争的市场。所谓不完全竞争，那就是有机构干预"。文章写道：半导体市场基于政府和学术界的研究而建立，由于考虑到国防安全等，当中有一部分的技术是处于高度限制的状态。

基于这一点，报告做了第二个判断："如果我们能够快速创新，那就能够减轻中国带来的威胁。但一旦美国的创新碰到阻碍，竞争者就可以轻而易举地跟上。因此保持领先的根本方法就是超越所有竞争者。"

为了让自己的做法更具合理性，报告还"痛斥"了中国的某些做法，比如"我们认为中国的竞争手段是扭曲市场。他们通过破坏创新抢夺美国的市场份额，并让美国面临国土安全的危险。"

由此，报告得出结论：美国政府不应在面对中国崛起的威胁时保持沉默或者悲观。在创新的过程中，美国政府应该极力阻止中国的破坏和影响。

具体怎么做？

"美国应该和中国进行会谈，明白中国的真实意图，通过加入联盟的方式巩固内部投资安全和出口控制，并对中国的某些违反国际协议的某些方式进行限制"。报告认为，美国同样需要调整国土安全的相关协定，预防中国可能带来的安全威胁。

控　诉

在此基础之上，中国在该领域做的一切事情，对于美国来说，都变成了极具威胁性的行动。

报告承认中国在半导体技术方面的追随远远落后于美国，中国的先进制造技术跟美国、中国台湾等先进的半导体玩家比较也是大大不如的。现在中国有很多半导体 Fab，但都比当前主流的工艺落后 1 到 1.5 个世代。

但落后是可以接受的，你奋起直追就不能接受了。因此，类似中国 2014 年颁布"IC 推进纲领"来促进中国半导体产业发展的举动，都变成了一系列负面行为。

报告指出，"中国的半导体策略依赖于其庞大的经费支持"，这是一个包括国家基金和私募资产在内的，金额总额达到 1500 亿美元，周期长达十年的投资。中国主要目的是通过对先进企业的投资和收购获取其中的技术。美国过去五年共 230 亿美元的并购规模与其对比，那就是小巫见大巫。

事实上，在美国看来，中国整个半导体的建设策略（美国将其分成了两点：补贴和零和博弈），都是"别有用心"的。

首先来看补贴。众所周知，为了支持行业发展，中国常常会提供各类补贴，半导体行业当然也不例外。虽然西方国家也常常这么做，但这一点美国也不能忍。他们称：

"短期来看，中国的补贴对于美国公司和消费者来说是利好的，这些钱能够帮忙降低成本和产品价格。但长期来说，这些补贴会减弱其创新能力。对美国来说，由于中国会将其产品的销售范围扩大，这会增加美国国土安全面临的风险。生产的过剩，则会对直接竞争者构成影响。这些补贴，也会直接侵蚀美国企业的市场份额，影响企业的雇佣状况和创新"。

再来看报告中所谓的中国的"零和博弈"策略。

"强迫或者鼓励本土消费者购买中国半导体供应商的产品，中国在这方面的表现很突出。这会使全球创新的动力骤减。对于那些非中国的供应商来说，市场就更小了"。

"强迫用技术换市场，以降低美国企业的创新动力。这同样会引致先进技术能够被所有企业迅速复制的可能，从而使市场向中国集中。而随着中国市场的高度集中，中国就有能力去推动技术转移，这是一个恶性循环。

"根据媒体报道，中国经常明里暗里盗取 IP 技术，通过审查的方式，去检查哪些是安全可控的技术，以此获取相关半导体的技术细节。"

多么严肃的指控。且不说到底有没有实锤，单看这行文、这用语，就很吓人了吧。

策　　略

而在提到策略部分的时候，该报告就是赤裸裸地在打击中国了。

比如明明意识到为了获得胜利，最好的办法是"自己跑得更快"，但他们心心念的还是中国："在降低中国追赶速度的过程中，我们会面临很多的诱惑。一旦美国停止创新，中国在半导体领域的领先是必然的。因此保持美国的领导地位的关键就是持续创新。"

报告称："美国提倡全球开放交易和投资，这个立场会让消费者和全球经济受益；中国更愿意将补贴投向成熟的公司和行业，并持续投入帮助其成长壮大，最后产能过剩，导致经济受到影响；中国从全球的开放中受益，但是很少承担相应的义务。很多情况下，中国反而阻碍正常的市场化运动。"

不仅如此，报告还得出了一个很诡异的结论：不要条件反射地反对中国的进步。那应该怎么反对？报告建议，美国政府需要找出那些特别的半导体技术和公司，并对其加以保护，拒绝并购，避免造成可能的安全威胁。终于知道紫光收购美国芯片公司为什么屡屡完败了。

更狠的还在后面。

美国有很多方式限制中国的行动，包括了正式和非正式的贸易和投资规定，以及类似基于国土安全考虑的 CFIUS 单边审查工具。目前看来，这些限制效果还是很显著的。

　　"美国应该以国防安全作为做相关决定的衡量出发点，在某些领域不应该给中国任何谈判的可能，例如中国在信息技术领域的所谓'安全可控'等。如果中国企业通过政府支持，从美国这边获取先进技术产品，并最终将其推向产能过剩的后果，那么对于我们的政策制定者来说，就需要考虑是否答应中国的这个并购了。"

　　话说到这份上，看来，美国要遏制中国半导体发展的决心是不会更改了。

【解局】美国撤回环太军演邀请，中国不去又何妨？

湖图燕波

当地时间 2018 年 5 月 23 日，美国以南海岛礁建设和"军事化"为由发难，突然宣布撤回对中国参加"2018 环太平洋军演"的邀请。CNN 报道，据美国官员透露，取消邀请的决定是由美国国防部长马蒂斯和白宫方面协调后作出的。

2018 年 3 月 29 日，我国国防部证实美国邀请中国参加"2018 环太军演"，这还没到两个月，美国就又一次让人见识到其出尔反尔的行事风格了。

对此，中国国务委员兼外交部长王毅表示，美方此举"非常不具建设性""轻率""不利于增进相互了解"。

国防部发言人则更加直截了当，"邀不邀请，都不可能改变中国为维护亚太地区和平与稳定发挥作用的意志，更不可能动摇中国坚定捍卫自身主权和安全利益的决心"。

是的，邀不邀请都无所谓。但这个事，岛叔还是要讲明白的。

纠　　结

其实，从一开始，美国国内对邀请中国参与环太军演就有各种杂音。

自 2014 年以来，美国国会参众两院就不断有人炮制修正案或提案，要求美国防部收回发给中国的邀请，否则就要依照国防授权法修正案，迫使五角大楼就范。至于理由，也基本是老调重弹，主要有以下三个方面——

首先，邀请中国军队参加环太军演，会奖励中国的所谓"坏行为"，特别是美国国内越来越难以忍受中国在南海、东海等地区的海上行动。

其次，美国国防部邀请中国参加演习有"违法"嫌疑。根据 2000 年的《国防授权法案》，美国军队不能与中国军方有"任何可能危及到美国国家安全"的接触，而中国参加环太演习"存在这方面的风险"。

最后，部分人担心中国参加军演会加大泄密的风险，增强中国的海上能力，这些能力反过来又会威胁到美国的安全。

先不论这三个理由，单论环太军演本身，美国在政治上、安全上都是越来越需要中国的参与的。

与美国在太平洋地区进行的其他军演不同，环太军演的政治意义早已远超军事意义。近年来，环太军演规模越来越大、科目内容越来越广泛、参与国家越来越多，已经成为美国"在海上领导世界"的重大标志。

与此同时，中国海军在规模上已经仅次于美国海军，成为世界第二大海上力量。在这种形势下，一个没有中国海军参与的环太军演显然是不完整的。再进一步说，参与环太军演，中国海军是来捧场的，是来展示合作诚意的。

况且，环太军演只是低战术水平的海上演习，其意义更多地是在政治上通过多国海军合作来显示象征性的太平洋地区"大团结"和美国的领导地位。在这种水平的军演上，中国参演会危及美国安全，纯属无稽之谈。

套　路

既然美国对中国有所担心，为什么之前还要邀请中国海军参加呢？

这其实就是美国的套路。在应对日益繁多的海上安全问题上，美国海上兵力已经日益捉襟见肘，现在急需其他大国的支持，比如中国海军。

虽然，目前美国海军依然不难在远洋击败任何对手，在可预见的将来也很难有别国的海军足以在全球对其发起挑战，但成也萧何败也萧何，当初依靠武力强悍、平台大而稳定的美国海军，如今舰队结构早已过时，密度不大、数量过小成为掣肘其发展的重要因素。

美军自然也意识到这一点。2016 年 12 月，美国海军发布了一份新的军力结构评估报告，呼吁打造一支拥有 355 艘舰艇的海军部队，其数量大大超过了当时 275 艘舰艇的规模。遗憾的是，即便能完成 355 艘舰船的规模，仍然无法满足美国维护全球海上安全、提供国际安全公共物品的雄心。

这个时候，中国的支持与协作就不可或缺了。也正因为如此，美国军方坚持排除杂音，邀请中国海军参加。

不过，美方还是留了一手，对中方参演科目作出了明确的限制。在 2014 年、2016 年的两次环太军演中，中国的参演兵力和贡献，就与其被赋予的角色严重不相匹配。

比如在军演的领导职位选择上，除美国外，主要由加拿大、日本、澳大利亚和新西兰等美国盟国的军官担任；基于"保密考虑"和"法律限制"，只对中国开放了低敏感低战术水平的科目，包括反海盗、补给、水上和水下救援、人道主义和灾难救援等项目；一些高水平训练项目如两栖登陆、导弹攻击、反潜作战、舰队防空等，则完全排除中国海军参与。

焦　虑

一定程度上，这反映了美军面对中国军队实力日益提升的焦虑。面对中国、俄罗斯等大国军事现代化特别是海上力量的发展，美国愈发不淡定了。某些美国战略界人士甚至惊呼，"马汉又回来了"（注：马汉，美国海军战略家、海权论提出者。这句话的意思是：大国海洋控制竞争又回来了）。

为了缓和这种焦虑，重申美军对海洋的控制，美军也在加快推动"从海到陆"和"重返制海"的海上战略转型。

2015 年，美国海军、海军陆战队和海岸警卫队共同发布《21世纪海上力量合作战略》，频繁强调海洋控制和"全域进入"（All Domain Access）能力；2017 年 1 月，美军水面部队司令部提出"重返制海"概念，正式推出"分布式杀伤"（Distributed Lethality）理念；2017 年 5 月 17 日，美海军作战部发布《未来海军》白皮书，"重返制海"上升为整个海军的顶层设计，要求美国海军在远洋、近海和濒海地区都要确保海洋控制。

"重返制海"的战略很大程度上针对的就是中国。在美国看来，中国至少对美国构成了三大类海上挑战。

其一，美国所认知的"印太"海上地缘环境中，反介入／区域拒止（A2/AD）被认为是最大的威胁和变数。美军担心，随着中国陆基战斗机、轰炸机、导弹和潜艇力量的发展，其在中国近海的行动将面临越来越多的限制和挑战。2015 年新版《21 世纪海上力量合作战略》中提出"全域介入"，意味着美军已经将 A2/AD 看成是个战略威胁，要求在战略上予以回应。

其二，美军越来越重视中国的海军现代化和远洋行动能力。此前相当长的时期内，除了潜艇，美军并不太在乎中国海军的威胁。但近两年，美军开始忧虑中国海军将逐渐具有与美军争夺局部制海权的能力。

第三类"威胁"是"灰色地带"竞争。"灰色地带"是指介于战争与和平间的竞争与冲突。之所以称之为"灰色"，是由于其有以下三大特点：冲突性质的模糊、参与行为体的不透明、相关政策与法律框架的不确定。美国将中国的海上维权行动界定为新的"灰色地带"挑战，从而渲染所谓的中国海上扩张。

具体到南海，美国国内普遍认为，如果仍任由当前形势发展，中国将最终控制南海——这是美国所不能容忍的。

自始至终，美国对南海局势的关注都主要源自战略考虑，而非所谓基于规则的国际秩序。美国之所以对中国南海岛礁建设如此关注和不安，主要也是担心随着中国南海军事体系的建设和完善，美国将越来越难以维系其在该地区的海上主导优势和地位。

虽然美国经常对中方强调南海岛礁在中美军事对抗中的脆弱性或不堪一击，但至少在和平时期及和平对抗中，这些岛礁的建设将大幅度提升中国控制南海的能力。

至于美国所指责的"破坏印太地区的自由与开放"，从2013年底开工之日起，中国就一直遵循着相关国际规则，从未干扰过任何过往船只和飞机的航行自由。况且，中方施工的岛礁远在南海正常航道之外，不会对航行自由造成影响。

关于岛礁上的军事力量建设，中方一直强调自卫原则。作为南海最大的沿岸国，中国有足够的权利在南海进行必要的军事力量建设，实施适当的海上力量存在。美国指责中国的潜在逻辑是，"只有美国的力量才能在南海维护自由与开放，中国的力量则一定是非稳定的力量"。这无论如何都不会让人理解。要说力量，美国海上力量全球最强；要说遵循国际规则的信誉，中国要远好于美国。

趋　　势

自 2014 年 12 月中美签署《海空相遇安全行为准则》和《重大军事行动相互通报机制》两个谅解备忘录以来，中美两军关系一度发展迅速，"环太"演习也曾成为两国关系中的亮点。美国置国际信誉和两军关系于不顾，开历史倒车，取消对中国的邀请，给两军的正常交流造成重大影响。对中国来说，中方未必就一定要去参加环太；但对美国来说，却释放了一个极为负面的信号：美方要加快两国军事交流领域的"脱钩"，甚至给两军关系急速降温。

与中美经贸关系不同，中美两军交流本就十分有限，如果美国连环太演习这样的场面事情都不能容忍中国军队参与，今后这种"脱钩"趋势将更为明显，两军关系必将遭遇重大挫折，对维系中美间的战略稳定也极为不利。（注：2018 年 9 月，美国以中国购买俄罗斯武器为由，宣布对中国人民解放军军事装备部实施制裁。）

美国国防部表示，"我们有强有力的证据显示，中国在南沙群岛有争议的地貌上部署了反舰导弹、地空导弹系统和电子干扰机。另外，中国的轰炸机在永兴岛着陆也加剧了紧张局势"。美方同时要求"中国立刻拆除这些系统，并回撤在南海有争议岛屿上的军事化进程"。可以确定的是，中国不可能停止南海岛礁的正常力量建设，更不可能接受美国的无理要求。

近期，美国频频指责中国在南海的力量发展并放出各种"豪言"。新任美军太平洋司令部司令菲利普·戴维森，2018 年 4 月 20 日向参议院军事委员会提交了一份书面报告，大肆渲染中国的"军事威胁"。

他扬言，中国的军事力量已经强大到"足以支撑其在南海的领土主张"，而要想"阻止中国"，只有"武装冲突"一条路。

将南海局势与其他议题捆绑，是美军不自信并希望"先发制人"的表现。今后，美国可能会将更多的议题与南海局势联系在一起，且不排除美军会在南海折腾一些更具刺激性的小动作，挑动海上现场的摩擦和对抗。

中方一直对美国在南海的行为保持着极大克制，也不愿意与美国进行海上地缘竞争。但是，在美国较为焦躁的情况下，互动路径的选择恐怕很大程度上也不取决于中方。如果美国执意要与中国争夺南海，进行海上地缘角逐，中国可能不得不奉陪。

要明确的是，不经过长期的斗争和博弈，美国不可能承认中国在南海乃至东亚海上的合理地位及合法利益关切。适当的斗争，可能更有助于美国认清现实。从这种意义讲，"冷一冷"、"斗一斗"也许更有利于中美关系的健康发展。

至于环太军演，不去也罢。毕竟中国海军更应重视的，还是如何防范并有效处置美军在南海及台海地区可能的冒险行为。

【解局】指责中国未履行入世协议？
不是无知是恶意

2018/6/29

梅新育

2018 年 6 月 28 日下午，国务院新闻办公室发表《中国与世界贸易组织》白皮书，全面介绍中国入世 17 年来履行承诺的实践，这也是中国首次就这一问题发表白皮书。

时值中美贸易战双方实际出手之际，中国发表这部几万字的白皮书，有何寓意？

回　　顾

重新审视近期的中美贸易战，以及针对中国"入世"的种种声音，最让我感慨的是某些国家的恶意。

本质上说，"中国是否遵守了入世承诺"的争论是不存在的。因为《中华人民共和国加入议定书》"过渡性审议机制"早就明确规定，中国入世后 8 年内，世贸组织总理事会等机构每年审议中国实施《WTO 协定》和履行该议定书承诺的情况，中国入世第 10 年进行最终审议。

既然世贸组织的专业机构和人士在延续 10 年的审议中都认可中国履行入世承诺，既然以美国为首的西方国家向来对世贸组织影响力最大，为什么还有一群人还煞有介事地指责中国"没有履行入世承诺"呢？

这不是无知，而是恶意。

很多人说中国搭了"入世"的便车，没有"回报"。来看看中国入世之后如何带动贸易伙伴经济贸易的发展吧：联合国贸发会议统计数据，2001 年，中国货物贸易进口 2436 亿美元，占全球进口总额的 3.80%；到 2017 年，中国货物贸易进口已经增长至 18419 亿美元，占全球进口总额的 10.26%。

事实上，正是凭借"入世"以来的进口快速增长，中国经济才从入世前的"东亚经济稳定器"，跃居次贷危机以来的"世界经济稳定器"，用强大的进口、投资需求带动多个国家和地区较快走出了萧条。就连德国这样的欧洲经济火车头，2009 年下半年以来奇迹般的经济复苏，也被不少舆论称作是"中国制造"的。

正 确 性

最令我感慨的，还是入世之后中国贸易、经济的快速成长证实了当初决断的正确。简言之，中国抓住了在相当一段时期内不可复现的发展窗口期。

这首先体现在"入世"后中国外贸规模和全球地位快速提升。2001 年，中国货物贸易出口总值 2661 亿美元，占当年全球货物贸易出口总值的 4.3%，全球排名第六，落后于美国、德国、日本、法国和英国。

"入世"则开启了中国出口加速赶超西方主要经济体的进程：2004 年，中国货物贸易出口赶超日本；2007 年，赶超美国；2009 年，赶超德国登顶全球；到 2015 年，中国货物贸易出口总值已经上升至 22735 亿美元，比 2001 年高 754%，占当年全球货物贸易出口总值的

13.76%，比排名第二的美国（15026 亿美元, 9.10%）高出 51% 之多。

之后两年，全球经济贸易走势与行情变动导致中国出口占全球出口总额比重略有下降。2017 年为 12.76%，但仍然大幅度领先于其他各国。在可预见的未来，中国仍将长期保持世界最大货物贸易出口国地位。

从更长时间跨度上考察，你可能会惊异，2015 年以来，中国在全球货物贸易出口市场所占份额，相当于 20 世纪 50 年代后期至 60 年代美国达到的高峰，基本接近美国在鼎盛时期所能占有的最高份额。

此外，中国制造业和经济规模的增长也是惊人的。2001 年，中国规模以上工业企业主营业务收入 84152 亿元，2017 年上升至 1164624 亿元；同期，中国 GDP 从 110270 亿元上升至 827122 亿元。很大程度上，都是因为"入世"打开了广阔的外部市场。

原　　因

中国制造业、外贸和整个国民经济，为什么能够在入世后这 10 余年，取得如此大幅度增长？

关键在于，20 世纪 90 年代至本世纪前 10 年，是全球经济贸易高增长时期，本世纪前 10 年更是全球贸易增长尤其普遍的有利时间窗口（参见表 1）：

表 1　20 世纪 80 年代至 2015 年世界货物贸易年均增长率变动

单位：%

时期	贸易量	单价	贸易额
1981—1985	2.9	−3.5	−0.7
1986—1990	5.8	6.2	12.3
1991—1995	6.2	1.9	8.4

续表

时期	贸易量	单价	贸易额
1996—2000	7.0	−2.1	4.8
2001—2005	5.0	5.1	10.5
2006—2010	3.7	4.6	9.0
2011—2012	3.1	−1.3	1.8
2013—2015	2.6	−6.0	−3.6

资料来源：世贸组织：《2016年世界贸易统计评论》，第22页。（WTO，*World trade Statistical Review 2016*，p.22。）

作为一个后发国家，中国在"入世"之初已经从工业基础、人力资源、基础设施、经济结构、政府管理等方面做好了准备，抓住并充分利用了这个重要窗口期。

为什么本世纪初近十年能够成为有利时间窗口？这得益于以下一系列因素叠加。

从经济长周期的层次上看，这是经济长周期的繁荣期；从具体因素来看，多项因素共同促成了这个经济贸易的繁荣时期：IT等领域的技术创新集中涌现，并迅速推广到了全世界；市场经济体制覆盖了全球所有经济体，而且转轨经济体度过了转轨最初近10年的冲击，全面走上经济复苏增长的轨道；世贸组织的多边贸易体系及其规则稳定运行；西方主要中央银行、特别是美联储宽松的货币政策，通过多条渠道为其他经济体或直接或间接创造了充裕的流动性。

值得一提的是，这种货币政策对于出口导向型经济体，有着格外重要的意义。当出口导向型经济体与主要进口市场的市场开放相结合，会使全球外汇储备快速增长，外汇占款成为出口导向型经济体的基础货币投放主渠道。这一方面有助于发展中国家突破外汇缺口对于

经济增长和稳定的制约，另一方面也使得这些国家的外向经济部门
（相对于内向经济部门）享有先天的流动性优势，进一步加快了外贸
增长。

简言之，是西方国家特别是美国作为全球最大进口市场实施了
高度的市场开放政策，为其他经济体实施出口拉动增长模式创造了
条件。

变　化

然而，上述条件自 2015 年以来正在慢慢消失。

以次贷危机为标志，全球经济步入长周期的萧条期，重新步入经
济长周期的繁荣期，恐怕要经过相当一段时间。而从具体因素来看，
本世纪初的上述有利因素要么消失，要么开始逆转。同时，暂时还看
不到新的能够有力带动经济全局强劲增长的技术革命；市场经济体系
外围扩张的刺激作用消失；西方主要中央银行、特别是美联储的宽松
货币政策已经转向重新收紧，这个收紧必将延续相当一段时间；贸易
保护主义、反全球化潮流上升，特别是随着特朗普上台，全球贸易体
系已经进入动荡时期。

不过，即使不考虑近二三十年经济全球化进程中政治和社会方面
的争议，仅从经济角度出发，哪怕当初赢的是希拉里而非特朗普，西
方国家尤其是美国的市场高度开放政策和进口能力也难以长期延续。

这是因为，现行"美元本位"国际货币体系仍然不能彻底摆脱"特
里芬两难"的约束：美国通过大规模经常项目收支逆差形式，向外部
市场投放美元，满足国际经贸和外部市场对流动性的需求，久而久
之，最终必然损害市场参与者对美元的信心，这种贸易拉动的增长模
式动力也就要衰减了。

当初，奥巴马力推 TPP，重要目的之一就是排挤中国，以确保美

国对贸易规则的影响力。可他的途径是扶植越南等中国传统出口制造业的竞争对手，这一策略必然会扩大美国贸易赤字，难以在长期宏观经济稳定性和美元稳定性间求全。所以，TPP 本身也无助于美国和现行"美元本位"国际货币体系和摆脱"特里芬两难"的阴影。

通过及时"入世"，中国成功抓住了发展窗口期；反之，在特朗普的领导下，美国经济政策正在趋于向内。这种形势对于中国以及企图赶超中国的后发国家意味着，中国在国际经济体系中的竞争地位未必会受损，而后发国家复制中国出口导向增长模式以赶超中国的希望大大降低。

独　　特

印度、越南堪称最希望复制中国出口导向增长模式以赶超中国的后发国家。问题是，1953 年新中国完成经济恢复工作之后，印度很快就丧失了在国际市场份额上相对于中国的原有优势。

从 1948 年的 2.21%（印度）对 0.89%（中国），变为 1955 年的 1.36%（印度）对 1.26%（中国），中国货物贸易出口超越印度后，差距一路拉大。印度也未能及时抓住本世纪初的外部市场有利时间窗口，2001 年为 0.70%（印度）对 4.30%（中国），2017 年更拉大到 1.68%（印度）对 12.76%（中国）。

时至今日，外部市场环境正在发生如此重大变化，印度还有希望复制当年的中国路径消除这样的差距吗？

其实，更可行的路径，早不是复制中国路径与中国零和博弈，而是与中国扩大互利合作。

回顾近 20 年，中国"入世"是抓住了不可再现的时间窗口。但在当时，国内对此争议巨大。特别是《中国入世议定书》中关于补贴和倾销、特定产品过渡性保障机制、WTO 成员的保留等条款，本质上可说是"不平等条款"。这些条款准许其他世贸组织成员方在中国入世后 15 年内不承认中国市场经济地位，12 年内可对中国特定产品实施过渡性保障机制，令不少中国企业在国际贸易摩擦中倍感"人为刀俎我为鱼肉"。

但承担这几项不利条款的代价，与获得经济增长和在全球经济贸易体系打下"江湖地位"，孰重孰轻，不言而喻。

如今，中国再次走到"以开放促改革"的路口。从国内来看，产业发展日益成熟，以远超世人预期的出色成绩克服一个又一个掣肘。从国际来看，作为发展中国家经济发展与稳定的"缺口"，我们客观上需要不断与时俱进，更大规模地利用国际市场的投入品，来保持国内制造业和其他产业的竞争力。

在更高层次上，我们还需要通过"以开放促改革"，打破长期和平繁荣所不可避免滋生出的垄断性分利集团，防止其滋生、膨胀而导致整个国民经济效率日益降低，甚至导致整个社会的日益僵化。在这样的历史关头，在"第二次革命"40 周年之际再出发，我们需要重拾这样的决心和勇气。

（作者为商务部国际贸易经济合作研究院研究员）

【解局】美国 2000 亿美元关税清单"极限施压"，怎么看？怎么办？

2018/9/19

公子无忌

贸易战再次升级。

消息大家都知道了：特朗普宣布，自 2018 年 9 月 24 日起，将对 2000 亿美元的中国输美产品加征 10％的关税；自 2019 年 1 月 1 日起，关税将提升至 25％。美方同时威胁，若中方对农产品等行业报复，美国将立刻实施力度更大的关税征收举措，对额外大约 2670 亿美元的进口商品征收关税。

对此，中国商务部作出回应："为了维护自身正当权益和全球自由贸易秩序，中方将不得不同步进行反制。"措施有二：一，对原产于美国约 600 亿美元进口商品实施加征关税，税率 5％—10％不等；二，在世贸组织追加起诉美国 301 调查项下对华 2000 亿美元输美产品实施的征税措施。

事情发展到这一步，怎么看？

牌　　局

从数字上说，600 亿美元和 2000 亿美元，看上去好像不是一个数量级，似乎美方的气势更胜一筹。

根据中国海关测算，2017 年，中国对美出口是 4298 亿美元，进口 1539 亿美元。按打牌的"筹码"计，加上双方此前 500 亿美元那一轮，美国已用掉了 2500 亿美元的额度，中国则用掉了 1100 亿美元额度。

以"底牌"计，美方还有差不多 2000 亿美元的牌，中国则看上去没那么多额度了，毕竟一年进口也就 1500 多亿，"子弹快打光了"。

显然，如果仅以互加数额的方式轮番出牌，中国无论如何都跟不上对方叫价的节奏。美国这一手也的确称得上"极限施压"：一下子压上 2000 亿，无论是在业界还是舆论场上都造出巨大的声势，试图用这种特朗普惯用的谈判手段逼迫中国屈服。

但如侠客岛此前分析所言，中国的 600 亿美元显然是计算过的。既然数量上不可能同态复仇，那么，"你打你的、我打我的"就是必然选择。

从中方 600 亿美元报复清单看，4 个不同税率的征税清单，有从 5%—10% 不等的加征税率；其中，从中方角度看可替代性较差的原料等，加征关税税率较低；可替代性强的原料、属于奢侈品或非必需品的消费品、与我国国内制造业竞争关系较强的制成品，加征关税税率则较高。

什么意思呢？中国即使是报复，也要最大限度削弱贸易战对我的负面影响。2000 亿美元一次性压上固然豪气干云，但美国前后两次的企业界听证会上 90% 的反对声音已经说得很明确——给这些商品加税，不仅无助于使中国屈服，而且很难或全无可能找到中国以外的供货商，最终代价还是转移到美国消费者头上。

多说一句，即便清单上这些商品跟特朗普言之凿凿要打击的"中国制造 2025"无关也要强制征税，也证明了美方的意图显然跟自己的说辞不符。

比如，2018 年前 5 个月，美国的通胀压力已在稳步上升，生产者价格同比涨幅则均高于同期消费者价格同比涨幅，表明消费者价格存在未来进一步上涨的压力。美国消费者会逐渐感受到痛。

其实，在 2000 亿美元关税清单靴子落地之前，美国财政部最大的公司纳税人苹果公司，就发出了公开信表示不满。当然，言语很委婉了——"我们希望您重新考虑这些措施，并努力寻找其他更有效的解决方案，使美国经济和美国消费者比以往任何时候都更强大、更健康。我们很乐意提供任何其他信息以协助您做出决策。"

苹果公司指出，按照传统的计算方法，的确，这都算在中国的"出口"中，但是这些在中国组装的苹果产品，最终其实是返回美国并创造价值。多少价值呢？五年，3500 亿美元。而这份涵盖了广阔 Apple 产品的关税清单，将"增加我们的成本，使苹果公司与国外竞争对比处于劣势"，最终"导致美国消费者价格上涨、降低美国经济的整体增长率"。

换句话说，既然是"战"，中国就没有理由亦步亦趋按照对方的招数还击，"不对等"不意味着"不过瘾"；美方也不必以为中国无牌可打，报复仅限于此。

举个简单的例子。一直致力于"复兴美国制造业"的特朗普，会面临一个简单的抉择：按照中国的计划，未来五年，要进口 8 万亿美元的商品、对外投资 7500 亿美元；对这个世界最大的消费市场和迅速增长的对外投资国发起贸易战，损失的可能绝不仅仅是目前的关税。

既然是一场"持久战"，时间就是最终的标尺。贸易战初期的确会对生产方造成冲击，但消费方的痛感也会随着时间推移而不可避免地到来。贸易战肯定是两败俱伤。中方"以战止战"的策略就意味着，既要让对方感到疼痛，也要寻求尽可能减轻对我们自己的冲击。

冲　击

2000 亿美元的最新版本，究竟会对中国产生何种冲击和影响？这是普通民众和全球市场都最关心的问题。

商务部研究员梅新育此前指出过，美国挑起贸易战，中国反制，最大的直接冲击在于对美出口承受压力。我方报复反制，对部分进口美国商品加征关税，也有可能给我们的下游厂商、消费者带来负担。

那么，中国能否承担贸易战带来的冲击？

9 月 7 日，央行前行长周小川在接受外媒采访时表示，贸易战不会对中国经济产生巨大的负面影响——根据周小川引用的数学模型计算，这对中国 GDP 影响不到 0.5%。"最坏的情况是，中国不再向美国市场出口价值 5000 亿美元的商品。相反，是将这些出口商品以最快的速度出口到其他国家。事实上，我认为中国可以迅速采取行动。"周小川说，这也是央行给中央的建议。"在经济每年增长 6% 和汇率浮动的情况下，中国经济能够抵御外部冲击"。

按照清华大学教授魏杰的测算，2017 年，中国的出口依赖度已经从 2007 年时的接近 70% 降到了 10% 左右，其中对美出口又占到整体出口的 1/3。这也是支撑"对 GDP 影响并不巨大"结论的基础所在。

但是，周小川也指出，贸易战对中国市场情绪的影响很大，可能会削弱投资者对中国企业和股市的信心。在他看来，中国真正需要提防的是"明斯基时刻"——这一以经济学家明斯基命名的观点认为，这是"资产价值崩溃的时刻"，也就是经济长时期稳定可能导致债务增加、杠杆率上升，从而内部爆发金融风险，陷入漫长的去杠杆化时期。

换言之，应对贸易战，中国真正应当做的，就是保持定力、以我为主，做好自己的事；中国真正面对的风险和挑战，也来源于此。

我们此前说过，中国是世界制造业第一大国，是全世界唯一拥有联合国产业分类全部工业门类的国家；凭借这一基础，中国不害怕美国在贸易战中的极端措施（禁运之类），因为那只会导致美国自己国内市场供应大面积断绝；也不必过分担心对美贸易报复会过多抬高国内制成品价格，反可将其作为进口替代、推进国产化或发展出口导向先进制造业的契机。

同样，中国从美国进口的大宗货物在中国市场占有率不是很高，较多的是初级产品，可替代性较强。这一点就决定了，中国的对等报复对相关货物供给的影响相对较小，相应地对相关生产、就业的影响也较小。

拿中国在此次贸易战中受影响比较大的几个省份来说。在浙江，小商品王国义乌的策略，是抓紧开发高新技术产品，发动企业协会的会员共享专利，抱团作战；在宁波，最大的光伏企业已经将市场从欧美转回国内；上海的策略是积极开拓"一带一路"市场、辐射"长江经济带"；广东、山东、江苏、福建等多个省份则出台了更多支持技术改造、产业升级的政策，并应用汇率对冲、期货期权、远期合约等技术性手段应对贸易战风险。

老话还是有理：只要思想不滑坡，办法总比困难多。

贸易战中暴露出的核心技术被卡脖子、金融安全存在风险、国内社会存在的危机等问题，已经给中国敲响了警钟。要解决这些问题，只能靠更深刻的改革、更大力度的开放，解决深层次矛盾，在"危"中找到新的增长之"机"。

本　质

再回头来说说这场贸易战。

贸易战的起因似乎很简单。从竞选开始，特朗普就反复强调，中国、墨西哥等国家"偷走"了美国的工作岗位；中国等国家在跟美国的贸易中一直在"占便宜"，美国吃了大亏；美国的制造业都流到海外去了，工人失业，这种状况必须改变，等等。然后，他拿起了关税大棒，全世界挥舞。当然，中国是块头最大的那个目标，但加拿大、欧盟、日韩等盟友同样未能幸免。

真的是这样吗？显然不是。前文引用的苹果公开信已经证明了单纯拿贸易逆差说事儿的不足信。事实上，在中美经济往来中，中国是"贸易顺差"，美国是"利润顺差"。大量经济数据都证明了这一点。价值链上谁是高端谁是低端，也一目了然。

曾与中国打交道 20 年、深度参与中美事务的美国前财长保尔森，曾花了很长时间与国内的保护主义周旋。在回忆录中，他这样反省美国经济存在的问题：

"人民币汇率固然重要，但不是我们贸易失衡的主要原因，毕竟我们和世界主要经济体都有逆差。和中国的贸易赤字源自让美国存钱太少而借债太多的一系列结构性问题，而中国人却存钱太多而消费太少。解决这个问题才是关键……

"美国的失业问题还有其他原因，包括新技术挤掉了制造业和其他很多行业的工作，以及教育体系不再能提供足够的高等技术工人来满足经济快速发展的需要……

"核心问题是经济不均衡。小心谨慎的中国人存钱太多，美国人受其税收制度和政府政策的刺激，堆积了大笔债务，对廉价的中国商品趋之若鹜。我们需要清理我们过多的债务……

"中国人聚集起来的大量金钱，又重新流回到西方，创立了这样一个世界：在这个世界上堆满了廉价的金钱，催生了投机的过分行为。我们恣意挥霍的方式会将这一切付之一炬。"

保尔森的反省是对的，因为他最后一句话一语成谶——2008 年，美国引爆金融危机，时任财长的他亲手去处理并见证了一切。

保尔森更明确地作出预言：

"保护主义会自己击败自己。让中国产品更昂贵的立法只会伤害美国消费者，他们会发现，像电视机这样的商品超出了他们的消费能力……

"中国对于公开威胁反应强烈。中国不会退缩，而更可能会进行报复。这样关键的出口行业就会受到伤害，比如计算机、飞机、农产品和机械产品。进一步的类似立法也许会引发其他国家采取保护主义措施。"

很不幸，又被保尔森言中了：今天，欧盟、加拿大、中国等国家和地区，正在不得不用这样的方式反击美国。

再插播一句：据外媒报道，趁着中美掐架，现在正在美国掀起收购潮的，是日本。

说穿了，美国核心的问题在于自身经济结构的失衡。根据中国人民大学教授温铁军的测算，其 GDP 中，85% 以上来源于以金融为中心的服务业，制造业占比不过 11%，但是作为金融中心的华尔街仅能容纳 30 万人就业；同样，最近几年，美国的贫困人口从原来的 9% 左右上升到 20%，于是有了"占领华尔街"的运动。无法解决的贫富差距、产业空心化、金融泡沫化，才是美国真正深刻的危机。而这一点，显然是没办法通过加征关税这种古老的经济武器、以转嫁代价的方式真正解决的。

正如曹德旺所说，"现在说恢复制造业大国，我说你等一等吧。去工业化是从 70 年代中期开始的，到今年 40 几年，什么都没有了。投资工厂的老板没有了，工人没有了，管理干部没有了。不是说你今天去工业化，明天就可以生产东西了。没有门。还是要双方坐下来实实在在地谈判。"

这也成为中国的前车之鉴——正是在 2008 年金融危机中，中国的决策层开始深刻反思美国模式可能存在的弊病。由这些弊病带来的社会危机，更是我们应当努力避免的。当然，难度很大。

其实，2017 年在达沃斯论坛上，马云就曾经反击过"中国偷走了美国的工作岗位"这样的说辞：

"30 年前，当我大学毕业的时候，我知道美国有一些非常棒的策略。美国外包了制造业和服务业：制造业外包给墨西哥和中国，服务业外包给印度，我觉得这个战略很完美。美国说只想主导知识产权、科技、品牌，把低层次的工作交给世界其他国家。这很棒。

"过去三十年，微软、思科、IBM 赚到的钱，比中国的四大行、移动、联通这些国企加起来都多。这些钱去哪儿了？

"过去 30 年，美国发动了 13 场战争，花费了 14.2 万亿美元。试想一下，如果把这其中一部分钱投入基础设施建设、帮助白领、蓝领……不管你的战略多好，你应该把钱花在自己的人民身上，改善教育之类的。

"另外，让我好奇的是，我年轻时候，听说的都是福特、波音这些大型制造业企业，但是过去 20 年，我只听到硅谷和华尔街。钱流向了华尔街。2008 年金融危机让美国损失了 19.2 万亿美元，白领被洗劫一空，消灭了全世界 3400 万个工作岗位。

"假设这些钱没有流向华尔街，而是去了中西部，发展那里的产业，事情会很不同。不是其他国家偷走了你的工作岗位，这是你的战略（使然），是你自己没有合理分配金钱和资源。"

鉴于保尔森几次对于未来的预测都已成真，我们不妨以他在回忆录的几句中肯之言收尾：

"如果我们能把经济关系理顺，我们和中国的其他问题也会迎刃而解；中国人会正面回应一切有利于经济稳定增长的动议。同理，如果经贸关系失控，譬如保护性立法引发贸易战，则将会使整个关系受损。只要中国人站在我们一边，我们会发现世界上几乎所有主要问题就会更容易解决，而没有他们，则会难得多。

　　"有些人相信，有一条不变的历史规律：崛起的强国碰上既有的强国时，冲突不可避免。但没有什么是不能改变的。抉择是重要的，教训是可以吸取的，政治家们能发挥作用。"

责任编辑：洪　琼
装帧设计：林芝玉

图书在版编目（CIP）数据

解局：历史节点上的中国变革／人民日报海外版"侠客岛"著 . —北京：
人民出版社，2018.12
ISBN 978－7－01－019875－0

I.①解…　II.①人…　III.①时事评论－中国－文集　IV.① D609.9-53

中国版本图书馆 CIP 数据核字（2018）第 226542 号

解　局

JIEJU

——历史节点上的中国变革

人民日报海外版"侠客岛"　著

人 民 出 版 社 出版发行

（100706　北京市东城区隆福寺街 99 号）

北京汇林印务有限公司印刷　新华书店经销

2018 年 12 月第 1 版　2018 年 12 月北京第 1 次印刷
开本：710 毫米 ×1000 毫米 1/16　印张：18
字数：240 千字　印数：00,001-12,000 册

ISBN 978－7－01－019875－0　定价：59.80 元

邮购地址 100706　北京市东城区隆福寺街 99 号
人民东方图书销售中心　电话（010）65250042　65289539